禅境10课

# 唤醒你的幸福

在幸福的城市里，你幸福了没？

陈建伟 ◆ 著

文匯出版社

图书在版编目（CIP）数据

禅境10课：唤醒你的幸福/陈建伟著.-上海：文汇出版社，2013.8

ISBN 978-7-5496-0931-4

Ⅰ.①禅… Ⅱ.①陈… Ⅲ.①禅宗-人生哲学-通俗读物 Ⅳ.①B946.5-49

中国版本图书馆CIP数据核字（2013）第130216号

## 禅境10课：唤醒你的幸福

| | |
|---|---|
| 作　　者 / | 陈建伟 |
| 责任编辑 / | 乐渭琦 |
| 特约编辑 / | 常军妮　瑞　霞 |
| 装帧设计 / | 多多设计 |
| 出版人 / | 桂国强 |
| 策　　划 / | 光　南 |
| 出版发行　　 | 文汇出版社 |
| | 上海市威海路755号 |
| | （邮政编码200041） |
| 经　　销 / | 全国新华书店 |
| 印刷装订 / | 茂名市永达印刷有限公司 |
| 版　　次 / | 2013年8月第1版 |
| 印　　次 / | 2013年8月第1次印刷 |
| 开　　本 / | 720×960　1/16　字数 / 220千　印张 / 16.25 |
| 书　　号 / | ISBN 978-7-5496-0931-4 |
| 定　　价 / | 29.80元 |

# Contents
[目录]

050 君子应成人之美
046 爱出者爱返,福往者福来
042 急流勇退,能放下便坦然
039 抱着贪便宜的心一定会吃大苦头
036 少一点预设的期待,那份对人的关怀会更自在
033 让快乐加倍的唯一方法就是：分享
031 一善念起,万事花开
028 不做温水中的青蛙

## 第二章 快乐不是因为享受多,而是因为付出多

022 严守内心的戒律,才能达到精神的纯净
019 不为物役,只有活得简单,才能活得自由
016 容许留一点缺憾,凡事不必求满
013 放下占有心,人生才能豁然开朗
010 鱼与熊掌不用去兼得
005 佛谈五欲：欲念无尽时,我生却有涯
002 欲望不是罪,罪在无休止的欲望

## 第一章 痛苦多是因为欲念多,减少欲念才会少烦恼

第三章 别总盯着外界,幸福在你自己身上

054 看别人不满,首先是自己修养不够
057 说是非者即"是非人",堵住自己的悠悠口
060 命运在自己手里,不要寄托给他人
063 自己做好了,才有权指责他人
067 别人的脚印里走不出自己路
070 不要为外界诱惑,守住你的本心
074 从自己身上找原因,别从他人身上找别扭
077 守职便是禅,做好你的本职
079 勇于承认错误

第四章 计较是贫穷的开始,宽容是人生的良药

084 用一双永远吃亏的眼睛,永远也找不到朋友
087 世上有一种完美的事,那就是发脾气
090 让宽容开成一朵花
094 那个对你最不满的人就是师父
097 放下怨恨,爱的力量更值得品味
100 用感恩的心去面对他人
103 诚心无私是真功德,做人少一些自利心

154 不急躁，从做好每一件小事开始
151 要有一颗慈悲的心
147 苦行出虔诚，学会在逆境中修行
143 担得起放得下，拥有阳光般心态
140 痛苦如盐，咸或淡取决于容器
136 面对不常事，最难得是平常心
第六章 面对不平常事，更不可缺少一颗平常心

132 倾听才能赢得更多掌声
129 一切难行能行、难忍能忍是菩萨道
125 人有自知，切勿卖弄
121 己不如人勿生怨，人不如己莫轻看
117 不怕聪明，就怕自作聪明
114 得意时善待他人，你失意时会需要他们
111 先学会尊重，才能赢得尊重
108 无谦卑则无佛，懂得弯腰的人最具佛性
第五章 勿逞一时之能，低调是最高明的身段

第七章　放下执着，幸福就在松手的刹那
158　执着于贫富，你将永远看不到幸福
161　弱水三千，仅取一瓢饮之
164　世皆无形，莫执着，才能得到真正的果
167　愿舍弃，能舍弃，方能真正地觉悟
171　不要尽往悲伤里钻，想想有笑声的日子吧
174　放得下那份痴心，才能得到属于自己的空门
178　别跟自己过不去，放自己一码

第八章　尽人事，听天命，顺其自然是最高招
184　让来的自来，去的自去
188　凡事不强求，尽力则足矣
192　得意淡然，失意泰然
196　拥有赞叹、欢喜心，是拥有幸福人生的秘诀
198　别被规矩束缚，随缘也是自在

第九章 耐得住寂寞，人生才不会失所

204 认知真我，才是摆脱迷途的开始
208 追求心的宁静，你自己简单了，世界就简单
212 你就是自己的净土
216 学会享受寂寞，才能了解人生
220 活着，就要为世界留点什么
223 迷途知返，切忌放纵自我

第十章 重视当下的因缘，过不后悔的生活

228 珍视你所拥有的，遗忘你所没有的
231 把精彩留给现在，活在当下最重要
235 该吃吃，该睡睡，有事不往心里搁
238 爱即孝，给父母最好的孝道是关爱
242 学会为你身边的人着想
245 学会爱自己，因为没有人会替你代办
249 爱惜你的另一半当如爱惜自己的身体

在幸福的城市里,你幸福了没?

# 第一章
# 痛苦多是因为欲念多,减少欲念才会少烦恼

## 欲望不是罪，罪在无休止的欲望

人生在天地间，有七情六欲是很正常的事情。欲望本身并不是坏事，而只是我们本性的一种表达。真正有害的，是被欲望牵着鼻子走，罪在无休止的欲望。大禹的父亲治水时采用"堵"的方法，反倒让水患越来越严重。而大禹采用疏导的方法，彻底解决了水患。人身体中的欲望，就像是需要疏通而不是去拥堵的水患一样，要以合理的眼光去看待这件事情，要对自己正常的欲望加以引导，比如饿了就要吃饭，冷了就要多加衣服，而不是不论饥饱，一见到山珍海味就胡吃海塞，最后就只有一个结果——把自己的身体吃垮。

因此，人应该学会掌控自己的欲望，而不是被欲望掌控。欲望就像雨水一样，适当的雨水可以灌溉庄稼，获得丰收，雨水多了，则会泛滥成灾。我们之所以活得累，就是因为把欲望误认为需要，使自己疲于奔命，越陷越深。

在《百喻经》里面有一个愚人吃盐的故事。

过去有一个愚蠢的人，他到别人家去做客。主人留他吃饭，他嫌菜太淡，没有味道。主人听后，往他的菜里又加了一些盐。加了盐的菜果然好吃多了。他暗自想道："菜之所以这么好吃，是因为有盐的缘故。加这么点盐尚且如此，何况加更多的盐呢？"于是，这个没有头脑的家伙便空口

## 在幸福的城市里，你幸福了没？

吃起盐来。谁知吃了以后，口舌便失去了味觉，反受其害。

这就是被欲望牵着走的典型事例。一旦得到了一件爽口的食物，就贪嘴不放。岂不知，再好吃的东西，只有在适量的情况下，才能品味到其美妙的滋味，一旦超过了自身所能忍受的度，便只有用"过犹不及"来形容了。

当然，现实生活中并不会有人如同故事中的愚人一样只一味地吃盐，但你是否能够看清楚自己生活中的"盐"究竟是什么？在向自以为美好的事情迈进的时候，你自己的脚步是不是比那个愚人还要坚定。还有，你是否看得到不远处欲望的深渊，正在张着血盆大口想要把一切吞没。欲念是无止境的，过于贪恋，反倒会把许多曾经梦想中的美好变成真正的恶魔。在面对现实的时候，当欲望摆在眼前的时候，你是选择随心而动，还是选择理智前行，一念之差，往往会造成谬之千里的结果。

毕竟，在我们的日常生活中，能够禁得住那一把"盐"的诱惑的智者并不多。倘若能够明白贪多必失是一种和谐生活的哲学，便可以在人生的苦海中及早回头。因为只有在放下以后，才能拿起更多。当你看似是舍弃了一种心之所向的东西，实则得到的，比之更有价值。

曾有一个叫宝觉的得道高僧，在即将圆寂的时候命人把自己所有的弟子叫到身边，向他们宣布自己的大限即将到来。恩师快要离开人间了，弟子们自然苦苦挽留，心有不舍。在一片悲凄声中，唯有一个声音与众不同。这位弟子大声说道："时限若已到，生死由他去好了。"宝觉禅师听后，微微一笑，对众弟子说："这便是老衲的肺腑之言。"随即双眼一闭便圆寂了。

生死有命，富贵在天，这并不是消极的处世方式，而是以一种"看透了"的态度来对待人生。人吃五谷杂粮，就免不了要生老病死，反倒

禅境10课：唤醒你的幸福

不如看透放下，不执迷于生之欲念，死之痛苦，来的时候干干净净地来，去的时候痛痛快快地去，这才是真正的解脱。人有欲望并不是一件绝对的坏事，因为有欲望，说明你是一个有理想、有抱负的人，你在积极地追求上进，在为实现自己的理想而奋斗，就像拿破仑说的那样"不想当将军的士兵不是好士兵"。人往高处走，这是人类的天性，也是推动社会发展的动力。但是凡事都应该有个度，当我们的欲望膨胀到无法控制的时候，它就成了灾难。拿破仑确实由一个士兵成长为了一个好将军，甚至成为了一个具有雄才大略的帝国皇帝，但当他的欲望膨胀为统治全世界的时候，胜利变成了失败，法国人民也因此受害，而他自己最终一个人在孤岛上了结束了曾经辉煌的一生。

想要不被欲望牵引，唯有看清自我的欲念所在，能够真正把握为人的正确方向和恰当处事的度，才能够避免造成不可挽回的恶果。这是最简单的道理，却也最难做到。唯有如此，才需不断去修行自我，以得禅的大境界。禅，从来都不在遥远的西天，而于你我是如影随形。

在幸福的城市里，你幸福了没？

 ## 佛谈五欲：欲念无尽时，我生却有涯

"欲"，在梵语里的意思是指对特定的对象产生了希望欲望的精神作用。因此，欲望，最大的作用是给人们的精神带来日益耗损的效果，并不是简单地等同于可以实现的愿望。"欲"是可以和"魔"相对应而产生的。一般意义上，会将能够夺走人生命的东西称之为"魔"，但在佛教中，把这个字的意义衍生化了，泛指一切可以杀害我们精气神的东西，有时候是来自于外界的障碍，有时候则是由于自身而产生的扰乱。

《大智度论》说："五欲如逆风举火把，风吹焚自身。""诸欲乐甚少，忧苦毒甚多，为之失身命，如蛾赴灯火。"这都是说明五欲之于人，为害甚大。佛家所说的"五欲"，专指财欲、色欲、名欲、食欲和睡欲。

这五种欲望，和每个最普通的人都是息息相关的。人生在世，离不开名利财气酒色，但对这些东西过于贪恋地追求，最终就会让自己沉迷在其中而无法自拔，甚至还会因此而受到伤害。所以在平常的生活中控制住"五欲"，不但于自己的身体有益，更能够清净身心，使得生活变得更加淳朴。对整天忙碌在钢筋水泥间的现代人来说，是一种回归自我的精神。

### 一、财欲

俗话说，无钱寸步难行。有钱能使鬼推磨。所以很多人这一生的目标，

就是赚很多很多的钱。甚至有的人为了赚钱，出卖自己的良心、身体、灵魂。可是到头来我们发现，不顾一切地去赚钱，是人生在世最不划算的事情，因为不管你集聚再多的金钱，也是生不带来，死不带去，而且为了拼命赚钱，你可能失去了原本健康的身体，原本美满的家庭，原本亲密的朋友。也许到最后你才会发现，自己拼命地赚钱，原本是为了享受金钱所带来的快乐与财富，却最终做了金钱的奴隶：伤身，伤心，伤情。

在佛经中，经常用"毒蛇"来比喻钱财的祸患。就像是农夫与蛇的故事一样，最初救这条蛇的时候明明是一片好心，但最终却被毒蛇咬伤而丢掉了性命。这是好心不得好报的结果，也正是对财欲金钱的执着而反倒伤害了自己的典型。

一个富人在年轻时穷困潦倒，他一直千方百计地努力赚钱蓄财，终于成为富甲一方的富翁。然而当他成了富翁时，已是白发苍苍，无法再享受自己所有的财富，很快就命归西天了。

富人到了天堂，遇见了神圣的上帝。富人向上帝请教道："伟大的上帝，人的一生对于您来说有多长？"

上帝回答："呼吸之间。"

富人问："人生所有的金钱，在您的眼里有多大的价值？"

上帝回答："一堆泥土。"

富人问："神圣的上帝，能否请您再给我一次呼吸？"

上帝说："可以，只要你能够给我创造一堆泥土。"

富人说："万能的上帝，我无法创造一堆泥土，能否用我一生的金钱，换取一堆泥土呢？"

上帝说："可以。"

于是上帝给了富人一个坟墓。

富人困惑道："仁慈的上帝，我希望您再给我一次来生，为何却给我

在幸福的城市里，你幸福了没？

一个坟墓呢？"

上帝抚摸着富人的头说道："可怜的孩子，你可以用一生去换取金钱，但无法用一生拥有的金钱换取一次来生，只能用一生的金钱去换取这堆泥土了。你就永远安息在这里吧。"

这则故事告诉我们：生命可以创造金钱，金钱却无法创造生命。

## 二、色欲

圣人曰，食色，性也。男女之爱，本是人的本性，但将这种本性无限放大，便成了难以填满的欲壑。所谓"英雄难过美人关""冲发一怒为红颜"，在美女面前，大英雄的抵抗力也不过如此，更何况平凡人等。但色亦有度，为博红颜一笑而烽火戏诸侯，为得一美貌女子而举国大战，这便成为了千古罪人。纵观多少君王将相、英雄豪杰，在温柔乡里断送了万里河山、壮志雄心。《摩诃止观》说："色害尤深，令人狂醉，生死根本良由此也。"可见色欲之害人不浅。

## 三、名欲

名，指世间的声名，因为能显亲荣己，所以也是人们追求的欲望之一。有一句话说："荣誉是人类的第二生命。"这既是对荣誉的一种褒奖，也是一种批评。对名利的追逐，一方面可以促进自我和团队的整体进步，恰当的荣誉感，是进步之基。但若过分沉醉于名利之中，则会使自己陷于痛苦的深渊。"天下熙熙，皆为利来；天下攘攘，皆为利往"，这是客观存在的，没人能改变人世间这种名利环境。但我们发现，凡是事业有成名望很高的人，都有一个共同特点，他们追求的不是名利，不是把眼睛盯在能挣多少钱上面，只是专注于把事情做了，把事业做好，功到自然成，他们的事业越做越大，名气越来越大，财富越来越多。

在"二战"战火中出任首相的丘吉尔，可谓受命于危难之际。由于他力主抵抗以及与苏美两国的有效合作，大大地加快了法西斯的覆灭，为和平赢得了时间。然而，战争结束不久，在1945年的英国大选中，保守党大败，丘吉尔也落选了。

为了安抚这位前首相，英国女王决定授予他一枚巴思勋章。丘吉尔感慨万分地说："当选民们把我解雇的时候，我有何颜面接受陛下颁发给我的这枚奖章呢。"

为了感激他在第二次世界大战中护卫英伦的卓著功绩，英国国会拟通过提案，塑造一尊他的铜像，置于公园，令公众景仰。丘吉尔回绝说："还是算了吧，我怕鸟儿在我的身上拉屎。"

美国心理学家罗宾通过多年的研究得出结论：凡是对名利太能算计得失的人，实际上都是很不幸的人，甚至是多病和短命的人。他们90%以上都患有心理疾病。这些人感觉痛苦的时间和深度也比不善于算计的人多了许多倍。换句话说，他们虽然会算计，但是却没有好日子过。所以要想长寿，就应该学会淡泊名利。

## 四、食欲

人常说"人是铁，饭是钢，一顿不吃饿得慌"，可见吃饭对于维持人的生命有着重要的意义。但现在，我们吃饭不仅仅是为了活命，而是慢慢变成了一种奢侈的享受。天上飞的，地上爬的，只要能吃的，都被端上了人类的餐桌。据统计，每年被吃掉的动物有上亿吨，一个人的一张嘴，就可以毁掉一个物种。可人们同样不知道的是，目前已知动物身上约有200多种传染病，80多种寄生虫，其中一半可以传染给人。比如对人类危害很大的狂犬病、疯牛病、艾滋病，等等，当然，还有让人记忆犹新的SARS。

我们吃饭是为了维持生命，而不是为了做"嘴"的奴隶。

## 五、睡欲

日出而作，日落而息，这是人类绵延了几万年的生活习惯，睡觉是为了第二天能精神饱满地工作，可有的时候，却变成了偷懒或者逃避。

公交车上，我们经常可以看到为了逃避让座而故意装睡的人；课堂上，老师在上面讲得激情昂扬，学生在下面睡得稀里糊涂；会议室里，蒙头大睡的人也经常见诸报端……婴儿可爱的睡姿惹人怜爱，成人不合时宜的睡姿则丑态毕露。

佛家所说的"五欲"，其实并没有刻意地分出是好是坏。因为每一种需求，都是人得以生存在这个世上的理由。以正念来追求财、色、名、食、睡，为善法欲，是精进求道的资粮；以邪念来追求财、色、名、食、睡，为恶法欲，是步入堕落的原因，所以又称为"地狱五条根"。真正的欲望，永远只在当我们连自己的心都把控不住的时候才会变作恶魔。欲念无尽时，我生却有涯，和自己的心做斗争，是需要用一生去完成的事情，不必要因此而急功近利，否则反倒失去了化解欲望的初衷。

## 鱼与熊掌不用去兼得

孟子说:"鱼,我所欲也,熊掌,亦我所欲也,二者不可得兼也。"有得必有失,这是生活的平衡法则。

生活中,每个人都会面临各种各样的选择:当情人向你提出分手,你是坦然地放弃,还是努力挽回;当工作遇到瓶颈,你是保持稳定,还是另谋高就;当陷入人生的低谷,你是继续沉沦,还是逆流而上……每一个不同的选择,预示着你的人生将走入不同的道路,所以每当遇到这样的选择,我们便开始彷徨、犹豫、紧张。我们想将所有有利的选择都抓在自己的手里,因为选择了就没有回头路。可现实是,人生中的很多选择往往是单选,你选择了一个,就必须放弃另一个,两个都选择,就等于什么都没有。

哲学家布里丹养了一头可爱至极的小毛驴,为了照顾好这个小家伙,布里丹每天都从农场的农户手中买一些新鲜的草料给它吃。有一次布里丹外出,让农民临时帮忙照顾一下小毛驴,农民出于对哲学家的敬仰和感激,于是额外奉送了一批新鲜的草料给毛驴吃。小毛驴身边一下子多出了一堆新鲜的草料,这让它有些难以抉择,不知道该吃哪一边才好,结果在这堆草料闻一闻又走到那堆草料,又从那堆草旁嗅一嗅然后折返回来,就这样来来回回走着,一口草也没吃。几天之后,布里丹回到家中,发现小毛驴已经死去了,而地上的草料一点也没有动过。

## 在幸福的城市里，你幸福了没？

做人要知足，人生得其一就已经足够了，我们没有必要去贪求更多，你想把所有的东西都抓在自己手心里，不仅不能如愿，很有可能连自己手中所得的东西也会失去。我们需要抓住每一份生活的赐予，需要接收人生的每一次幸福，但是当我们面临选择的时候，就要懂得适当控制自己的欲望，适当看开一些反而会更好，不要被无谓的选择束缚住。既然上天给了你多种选择，其实那是一种不可多得的幸福，我们根本没有必要为之苦恼。也许我们会觉得自己选择了其中一个，那么另外一个就注定会失去，那我们为什么不能换一个角度来看问题呢？——无论如何，自己都能够得到其中的一种幸福。

有个水性极好的男子在回家途中碰见一老一少祖孙二人同时落入湍急的河水之中，男子没有多想，急忙跳入水中，奋力向两个人游去。但是是先救老人还是先救孩子呢？祖孙俩明显都不懂水性，一个年龄大，一个年龄小，都禁不住水流的冲击，在水里待不了多久，怎么办？孩子离男子最近，男子没有多想，先将孩子救上了岸。等他再次准备下水时，发现老人已经被水冲得不见了踪影。

男子非常内疚，觉得自己原本可以救活老人的，如果自己先救老人，那么悲剧就不会发生了。因为过分自责，男子坐在河边一边痛哭，一边忏悔。这一幕被路过的老和尚看在眼里，老和尚于是上前去劝慰他："你明明救了人，为何还要在这里自责呢？"男子告诉老和尚说自己害死了人，在这里忏悔是应该的。

老和尚摇摇头说："也许你可以救活那个老人，那么那个落水的孩子呢？你认为他还能活下来吗？"男子一听呆住了。老和尚接着说："你为什么不看开一点呢，假设你当时不在场，那么无论是老人和小孩，你都救不了，现在至少还有一个人活着，你还自责什么呢？"老和尚的一番话，让男子坦然放下了心结。

　　生活往往如此，我们只看到自己失去的东西，却从未想过自己得到了什么。做人不要有太多的欲求，能够有所取那就取一点，能够有所求，那就取一些，没有必要为自己该得到什么而伤神。人生有所得已经是最大的幸福了，我们应该坦然放开心怀，应该淡然地看待各种选择，其实没有了欲望，没有了占有心，那么鱼和熊掌根本也就不会存在什么区别，无论你抓住什么，得到什么，最终收获的都是生活的福报，都是幸福和快乐。

　　有时候我们会抱怨上天剥夺了我们做出选择的机会，可是当机会真的到来时，你是否被幸福冲昏了头脑呢？是否会产生挑剔心理，是否会犹豫不决，是否会产生更大的欲望呢？美国总统林肯说："所谓的聪明人，其实就在于他知道什么才是选择。"并不是所有的人有机会做出选择，也不是所有的人在机会面前能够做出好的选择，只有真正看得开的人，才能从选择中解脱出来，淡然接受生活的每一份赐予。诗人蒙田说："当我走进果园时，以最卑微的心随意摘下一个苹果，心中激动不已。"其实生活没必要费力去做什么选择，只要你的心足够淡定，那么轻轻地摘下任何一个"苹果"，都会使你更加幸福快乐。

在幸福的城市里，你幸福了没？

 ## 放下占有心，人生才能豁然开朗

三毛说过："无论是哪一种感情，无论是哪一种，占有心太强，都是痛苦的源泉。"小时候，我们看见别人有漂亮的玩具，我们就缠着父母给我们也买一个，有的甚至用不光彩的手段将别人的据为己有。谈恋爱时，我们恨不得能为对方做一切，可是我们不知道，正是这种愿意为对方付出一切的心态，却使我们的爱情早早夭折，因为这不是爱，而是占有；这不能使对方感觉到你的爱意，反而成为对方的一种负担。

有一个年轻人，向一位朋友求救。"我有了女朋友"，他说。

"有女朋友你应该很欢喜啊，可你为什么一脸的愁苦呢？"朋友问他。

"可是，我的女朋友太爱我了。"年轻人说。

"这不是很好吗？不就是你想要的爱吗？"

"一点都不好！这让我和她在一起非常痛苦。"年轻人无奈地说，"我非常喜欢和朋友一起滑雪，可是自从我和她在一起之后，我就再也没有去滑过雪了，因为我女朋友不喜欢滑雪，而且她觉得滑雪非常危险，每次我想去的时候，她总是找各种各样的理由阻拦我，这使我非常痛苦。"

"那你爱这个女孩吗？"朋友问他。

"我是很爱她，但是我和她在一起，感觉自己就像俘虏一样，被关起来，不自由！"

我们很多人，都和这位年轻人的女朋友一样，太爱对方，从而将对方视为自己的俘虏，不仅要俘虏对方的人，还要俘虏对方的心；控制他的行动，还要控制他的心。而这种"俘虏"，其实就是占有，就是把自我价值扩展到他人身上。很多情侣往往会说："我爱你爱得要死！"或是喜欢说："我是你的一半，你是我的一半！"明明是不同的两个人，却彼此互相要求对方，成为自己的一部分，这种"爱"，本来就是一种互相的占有。你想占有他，他也想占有你，因为都想占有，所以就分不开了，这样的"爱"，到头来，却只让对方更想逃走。

我们往往以爱的名义进行占有，却殊不知，这种所谓的"爱"，并不是真心的爱，而是伤害。

有一个牧师来到他的新教区，新教区旁边有一个漂亮的花园，花园里的郁金香开得正旺。可是第二天，牧师发现很多郁金香都被摘了下来，乱七八糟地扔在地上，牧师非常心痛。他问了教区里的其他人，才知道每天下午都会有几个小孩子来花园里玩，这些花就是那些小孩子摘的。

那天下午，牧师早早守在花园边，等待那几个孩子的到来。一会儿，一个小男孩来了，他伸手就摘了一朵郁金香。牧师看见了，问那个小男孩："你喜欢这朵花吗？"

小男孩点点头。

"你既然这么喜欢这些花，那你知道吗，如果你将这些花摘下来，它就只能活几个小时，可是如果在花枝上，这些花就可以开几个月。"

小男孩想了想，决定再也不摘花了，其他孩子纷纷仿效，于是那年春天院子里布满盛开的郁金香。

那些孩子是真心喜欢郁金香的，但他们的喜爱只是单纯的占有。牧师的话让孩子们明白了什么才是爱的最好表达方式。于是盛开的郁金香点缀了春天，也装点了孩子们的心灵。

对爱情的占有心，是因为我们把爱情当作自己生活的全部，把对方当作自己生命的全部，从而使自己陷入自己为自己营造的"爱情"里，而忘记了你爱的是一个有独立思想的人，而不是一个任你摆布的布偶。

对金钱的占有心，是因为我们内心对金钱的能力的渴望，认为有钱就可以拥有一切，却并不明白金钱可以买到的东西很多，买不到的东西同样多，而且太多的金钱反而会成为你生活的负担。

对任何美好事物的占有心，是因为我们自身的虚荣心和私心，我们不想让别人看见同样美好的事物，只想将之据为己有，一方面可以作为自己炫耀的资本，另一方面也满足了自己的私欲。可你却不明白，美好的东西只有展现在阳光下，才会越来越美；把它藏在黑暗的角落，它便会慢慢枯萎。

所以，收起你的占有心，给他自由的空间，这才是真正的爱。

 ## 容许留一点缺憾，凡事不必求满

一个年轻人因为一场意外，下身瘫痪，他的下半辈子便只能在轮椅上度过了。年轻人无法接受这样残酷的现实，便选择了自杀来结束自己的生命。他的魂魄飘飘荡荡地来到西天，佛祖问他为何要结束自己的生命，年轻人哭着说：

"我现在无法行走，任何事情都需要别人的帮助，成了一个废人，这样活着，对我、对他人都是一种折磨。"

佛祖听后，带着他的灵魂来到大街上，指着一个双目失明的人对他说："与他相比，你还能看见美丽的景色。"然后又指着另外一个不能说话的人说："和他相比，你还能表达自己的想法。"接着，又指着双耳听不见声音的人说："和他相比，你依然听得到美妙的声音。"佛祖顿了顿，反问年轻人："跟他们相比，你不觉得你好很多吗？"年轻人听了，惭愧地低下了头。

"我再给你一次机会，好好地回去生活吧。你要懂得，残缺的人生才是真正的人生。"

年轻人听了佛祖的话，终于顿悟，他下决心一定要好好珍惜自己不完美的身体与人生。

我们每个人，都像这个年轻人一样，企盼着圆满的人生，可生活总是喜欢和我们开玩笑，每个人都是被上帝咬了一口的苹果，所以注定了我们

## 在幸福的城市里,你幸福了没?

的人生不可能没有缺陷。车尔尼雪夫斯基曾说过:"既然太阳上也有黑点,人世间的事情就更不可能没有缺陷。"由此可见,残缺其实是人生的常态,而完美,则仅仅存在于人们的想象中,是一个愿望、一个方向,可以接近而难以实现和抵达。

在残疾人运动会上,我们注视着那些不完美的身体,却能深深感受到一种精神上的"完美";在维纳斯雕像面前,我们深深遗憾,美丽的维纳斯缺少了手臂,所以很多追求完美的人千方百计地设计了各种各样的手臂,期望能还给维纳斯一个完美的身体,可这些手臂无论怎样安放,都让原来的维纳斯看起来有某种说不出的不协调、不和谐,而这不完美的维纳斯,成了雕塑史上的经典之作;巴黎圣母院里丑陋的敲钟人卡西莫多,成了人们对爱情最美的赞颂,完美的副教主弗洛罗,却成了邪恶的代表。

完美与残缺,本来就并非绝对对立的矛盾,也许它只不过是一个和谐的悖论。而它的价值,也许就是进步的价格。

很久以前,国王的女儿出生了,但是这位公主并不像其他的公主那样美貌,而是非常丑陋。为了维护王室的名誉,国王命人将公主严密看管起来,不准公主踏出房子一步。转眼间十六年过去了,小公主已经长大成人,她一个人孤零零地在房子里长大。刚开始,她总是趴在窗口看别的孩子在阳光下快乐地奔跑,可门口的侍卫看管得特别严,从不让她出门半步。国王和王后也从来不来看她,只是让人按时送来食物和衣物。公主百无聊赖下,便翻开桌子上的佛经看起来,慢慢地,她对这些佛经产生了浓厚的兴趣,每天除了睡觉,就是诵经念佛。

很快,国王为公主定了一门亲事,这个人是个家道中落的贵族,国王许诺他娶了公主后,会为他建一座非常漂亮的宫殿,并赏赐很多的黄金。

公主的婚礼很盛大,但整个过程中公主都是以红纱遮面,没有人看见公主的真容。驸马的朋友听说公主长得非常丑陋,便想戏弄戏弄驸马,在婚宴上将驸马灌醉,让他当着众人的面,揭开了公主的面纱。当一位气质高雅、雍容和善的公主站在他们面前时,所有人都惊呆了,甚至国王和王后也不相信这就是那个原本丑陋的公主。

原来,学佛竟然可以改变一个人的相貌。

没有人能天生完美无缺,就连集天下权力于一身的国王也无法做到事事完美,更何况我们这些普通人。可往往就是这些不完美,却成就了我们的人生:"盖文王拘而演《周易》;仲尼厄而作《春秋》;屈原放逐,乃赋《离骚》;左丘失明,厥有《国语》;孙子膑脚,兵法修列;不韦迁蜀,世传《吕览》;韩非囚秦,《说难》《孤愤》;《诗》三百篇,大抵贤圣发愤之所为作也。"

不完美是人生的常态,所以我们应该学着让自己的人生留一点遗憾,太完美的人生其实是最不完美的人生。

 ## 不为物役，只有活得简单，才能活得自由

欲望的表现形式有三种：比较、占有、竞争。因为有了比较，所以才会产生占有之心，而产生占有之心后，就会想着要和别人竞争，获得自己原本没有的东西。在人生的每个阶段，我们因为面对的现状不同，想要的东西也会不同，但总体来说，我们的欲望是呈直线上升的趋势，也就是说我们想要的东西只会更多，不会减少。

从小到大，我们最喜欢的事就是拿自己和别人作比较，别人有好玩的玩具，别人有有钱的爸爸；别人有漂亮的女朋友，有有权势的岳父，有体面的工作；别人家的孩子学习好，别人家的孩子很听话，别人家的孩子出国了，等等。我们一直活在别人的阴影之下，从未关心过自己拥有什么，从未想过自己的父亲没有钱但慈爱，自己的老婆不漂亮但贤惠，自己的孩子不聪明但懂事，说不定自己也是别人所羡慕的对象。

有了比较，便会有占有之心，便想将别人的占为自己所有，可别人不是傻子，不会等着你来拿，所以便有了竞争。为了具有更好的竞争优势，我们可以使尽各种手段，甚至手足相残，亲人反目。我们的人生，便陷入了这一轮轮比较、占有、竞争的恶性循环之中。

我们不停地为占有、攀比和竞争而劳碌，无非是想过幸福的生活，但我们似乎忽略了一点"有得必有失"，你得到的外物越多，你失去的也将会最多，金钱有了，亲情没了；事业有了，健康没了；名声有了，清闲没

了；权力有了，自由没了。最终我们发现，我们想要的幸福不是离我们越来越近，而是越来越远。

一个人去参加一个公司的面试，在答辩的最后关头，老板亲自问了一个问题——十减一等于几。参加面试的共有三个人，另外两位是研究生，只见第一位很快红光满面地说："你想等于几就等于几。"第二位侃侃而谈："十减一等于八，那是消费；等于十二，那是经营；等于十五，那是金融；等于一百，那是中奖。"望着神采飞扬的他们，这个求职者脑子里一片空白，最后只好黯然答道："十减一等于九。"并做好了落选的准备。谁知老板当场宣布他被录取了。事后问其缘由，竟是他的简单、坦诚。

原本一个简单的问题，在面试者的心里却变得如此复杂，不得不让人深思。因为太想得到，所以拼命抓紧，可抓得越紧，反弹的力道越大，最终什么也得不到。而简单却让我们变得诚实、快乐，让我们处在灯红酒绿中，却能保持一颗纯净的心。

2004年3月31日下午，读书论坛请到著名歌唱家关牧村和她的先生江泓博士，和读书论坛的网友举行了一次主题为"我的艺术与生活"的讨论会。其间主持人问了这样一个问题："社会给你的评价是：歌声'歌遏行云'，人生'德艺双馨'，这是对你艺术人生的最好概括。请你用一句话来对自己的人生做个概括？"

关牧村回答道："就是主张平常心是道，简单生活是福。其实，不要把自己当成什么，才是什么；要把自己当成什么了，就不是什么了。"

我们知道两个高手之间的比拼，往往一个简单的动作就能拼出高低，同样，真正懂得生活的人，才知道生活的真谛是简单、自由，不留恋于外

在幸福的城市里，你幸福了没？

界的繁华，不羡慕他人的奢华，守着自己的心，寻找自己的净土。

佛曰："一花一世界，一木一浮生，一草一天堂，一叶一如来，一砂一极乐，一方一净土，一笑一尘缘，一念一清静。"心若无物，到处是天堂。

##  严守内心的戒律，才能达到精神的纯净

佛家对戒律的要求是非常严格的，作为佛门弟子，不但要修习精深佛法，更应严守佛门戒律。

在佛陀快要涅槃的时候，众弟子非常伤心，公推阿难问佛陀："佛陀在世的时候，我们都依佛陀为师，佛陀涅槃后，我们依谁为师呢？"佛陀答："应依戒为师。"

由此我们可以看出，戒律对于佛家弟子来说有多重要。佛家戒律不但可以规范弟子们的行为，告诉他们什么可以做，什么不能做，还可以指引佛门弟子们如何在修行的时候忘却世俗之事和身边的烦恼，渐渐地走进修行的清凉之地，做到四大皆空。

其实，不论是佛门还是俗世，都应遵守各自的戒律，才能保证社会秩序的良好运行，才能保证人人平等。

内心的戒律，能够让我们戒除贪、嗔、痴等心病，内心之中的贪念、恶念、淫念才能彻底消失，我们才能做到净心，使得身心达到一种平衡的状态。

有个小和尚，刚出家不久，师父交代了很多戒律，他却不以为然，认为遵守这些条条框框太过麻烦，整个人都被束缚着，如何逍遥自在？所以，这个小和尚在自己叛逆之心的驱使下一次又一次地触犯戒律。

在幸福的城市里，你幸福了没？

有一天，小和尚因为说了谎而被罚在厨房砍柴，他一边砍柴一边思考问题，一不小心，斧头就掉了下来，差点砸到脚面。正巧，这一幕被方丈看到了，于是方丈走过去，拿起斧头，问道："想什么想得这样入神啊，一心可是不能二用的。"

小和尚看着方丈，结结巴巴地说："没……没想什么。"

方丈看了看心不在焉的小和尚，叹了叹气，刚想转身离开，却听到小和尚问道："方丈，弟子有一事不明，望方丈赐教。"

方丈看着满脸困惑的小和尚，说道："什么事啊？"

"出家人为什么要遵守那么多戒律，这样多的束缚对我们有什么用啊？"

方丈坐了下来，笑着说："刚出家的时候，你可能会觉得这些戒律是束缚，因为你还不了解佛家戒律，世俗之人也是因为不了解佛家戒律，担心受制约，才不敢受戒。其实，戒律之中包含了修身养性的精华，不但可以规范我们出家人的生活，还能够让我们心境如一，从而消除我们心中的贪、嗔、痴三毒，你明白了吗？"

"明白了，方丈，弟子谨遵教诲。"

方丈看了看小和尚，继续说道："戒律为修行的根本，其中的奥妙博大精深，并非一朝一夕就可以领悟到的，也不是三言两语就能够说明白的，应当在日后的修行过程中严格遵守戒律，才能受益匪浅。"

就像方丈所说的那样，戒律是博大精深的，其中的奥秘，只有自己亲身经历之后才能体会，病由心生，想要戒除心中的病，就要学会养心，而养心的根本则是养出清净之心、诚实之心和慈悲之心。

佛家主张不杀生，今人有很多为了秉承佛家理念，愿意行善之人放弃了美味的肉食，这样做，其实就是一种尊重生命的表现。但是也有所不同，佛家弟子不吃肉，是在戒律和佛心的驱使之下，而凡人不吃肉，多是为了积德行善，心中生了戒律，在内心戒律的驱使下走素食之路。

佛家主张不偷窃，因为偷窃皆因心中充满欲望所致，而佛家弟子讲究的是有颗清净心。凡人不能偷盗，是因为有法律的约束和道德的审视，道德如旁观之人，若你偷盗，良心上会不安，同时会受到周围人的谴责。其实，凡人起了偷盗之心，皆因内心不明净，心中戒律不严，使得手不受控制。

佛家主张不邪淫，因为"红粉骷髅，蒙衣陋厕"，几乎每个人都可以意识到邪淫的危害，却仍不能自拔地深陷其中，多的是贪恋和难舍，进而影响身心健康和家庭幸福。因为，在佛家戒律之中，戒邪淫是非常重要的一条，讲究的是面对邪淫之时也能拥有一颗清净之心。凡人如果能将戒邪淫的戒律铭记心中，自然不会被邪淫所害，心中也不会生出些许污浊，生活上多出的应是其乐融融。

佛家不主张说妄语。所谓妄语，即妄言、绮语、恶口、两舌。不要觉得难以理解，这几个词语的意思就是口是心非、欺证不实、花言巧语、油嘴滑舌、辱骂诽谤、恶语伤人、搬弄是非、挑拨离间。看到这些解释之后，很多人可能会说，原来这些统称为妄语啊，这些行为都是被人唾弃的。

其实，无论是哪一种妄语，都是为了满足自身欲望，以达到某种目的，为自己牟取私利的表现。应当有一颗真诚的心，内心中有戒妄语这条戒律，才能让更多的人围拢过来，周围的人才不会对你心生芥蒂，厌恶你的所言所语，或是因为你的言语而受到伤害。妄言之人，内心更是不得清净的，他们只不过想通过自己的语言来攻击别人，或是挑唆别人，想要不费一兵一卒而做个中间获利之人，这样的人，内心污浊到了极点，就像是终日接受不到清理的房屋，即便满面是窗，也早已被尘埃、杂物所遮掩，再见不得光明。

佛家不主张饮酒。可能有人会问："酒为粮食所酿，可谓素饮，可为何佛家弟子将酒视为'荤'？"其实，酒本身没有罪，只不过酒会让人迷

在幸福的城市里，你幸福了没？

失心性，让人犯下弥天大错，正所谓"酒大伤身，酒多乱性"。佛家将戒酒视为戒律之一，意在强调人要时刻保持清醒的头脑和心。这和沿轨道行驶的火车一样，一旦出了轨道，后果不堪设想。凡人亦是如此，如果内心深处没有戒酒之律，很容易在这个精神和物质富饶的年代做错事、做悔事，比如，酒后驾车容易出车祸，家破人亡；酒后乱性会导致精神和金钱上的损失，而后便是家庭的破裂。

试想，如果一个国家的人，都能够严守心中的戒律，做到不杀生、不偷盗、不邪淫、不妄语、不饮酒、不吸毒，那么这个国家中的每个人的心灵都能够得到净化，法律也就成了摆设，因为人们不会再做有悖于良心的事情，每个人的心灵都非常纯净，那这个国家就会变得和平、蒸蒸日上。

在幸福的城市里,你幸福了没?

# 第二章
## 快乐不是因为享受多,而是因为付出多

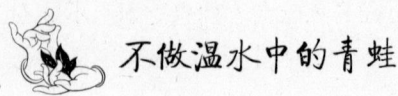

## 不做温水中的青蛙

一只野狼卧在草上勤奋地磨牙,狐狸看到了,就对它说:"天气这么好,大家在休息娱乐,你也加入我们队伍中吧!"野狼没有说话,继续磨牙,把它的牙齿磨得又尖又利。狐狸奇怪地问道:"森林这么静,猎人和猎狗已经回家了,老虎也不在近处徘徊,又没有任何危险,你何必那么用劲磨牙呢?"野狼停下来回答说:"我磨牙并不是为了娱乐,你想想,如果有一天我被猎人或老虎追逐,到那时,我想磨牙也来不及了。而平时我就把牙磨好,到那时就可以保护自己了。"

想想我们自己,是不是也像这头野狼一样,时时刻刻不忘武装自己呢?考试时,才发现书本上的知识一个也不懂;资金出现困难时,才后悔平时花钱大手大脚;别人升职加薪时,才惭愧平时总是拖拖拉拉,不认真完成工作;需要朋友帮助时,才发现自己一个知心的朋友也没有;生病时,才醒悟平时为什么不好好锻炼身体……我们总是只顾着当前的灯红酒绿,而繁华落幕后的黑暗,我们永远不会放在心上。

生活就像玫瑰花一样,我们只看见它的美丽,只品出它的香气四溢,只懂得它的浪漫温柔,却从没想过它的刺有一天会扎伤自己。而幸福与不幸,就像玫瑰花与花上的刺,当你沉浸于幸福的生活不能自拔,自然就忘了不幸这颗刺正在旁边悄悄酝酿,当你被它扎得浑身伤痕的时候,你才会

## 在幸福的城市里，你幸福了没？

后悔，如果自己早一点看见这颗刺，那么生活就会是另一番风景。

星云大师曾经说过："吾人虽然要建立积极进取的人生观，要有乐观喜悦的性格，要相信人生是充满希望、充满美好、充满得意、充满光明的。我们是一个快乐的人生、欢喜的人生，然而吾人也要有忧患意识，不能没有防备心，不能没有警觉性。"

有位得道禅师因为佛法高深，深得他人的敬重，很多人都慕名前来，甚至一些王公贵族也前来听他讲学。但是让人不解的是，每次有人前来求佛，他总是躲起来，避而不见，尤其是一些有权有势的达官贵人，他更是一概不见。禅师的弟子看见师父总是这样，于是就好心提醒他不要再躲避了，这样可能会得罪很多人。但是禅师反而笑着对弟子说："如果说我为了避祸而去讲学，那么实在是犯了大错。事实上有人来听我讲佛法，这原本应该是件好事，既宣扬了佛法，又壮大了寺庙的名声，但现在世道那么乱，如今虽然人人信佛、敬佛、护佛，可是谁能保证日后没有人会灭法灭佛？到时候，我这样的人岂不是自招横祸？"

半年之后，局势果然转变，政权交替，新掌权的统治者对佛法根本不感兴趣，朝廷更是决定将寺庙的土地集中收归国家所有。为了实现目的，统治者大肆驱逐僧人，有的甚至认为僧人会妖言惑众，必须将其根除，因此很多僧人受到迫害，而禅师因为深谋远虑，始终都能明哲保身，所以在大清洗运动中得以免除灾害。这时候，他的弟子才理解师父的苦心，同时也对禅师的远见佩服不已。

我们没有预知未来的本领，每个人也不一定有禅师那样的远见卓识，但我们有动物最本能的警惕性，只要稍微多一点心眼，多一点思考，就能避免一些不必要的损失和伤害。譬如：不把所有的鸡蛋放在同一个篮子里；提早为自己买一份具有保障性的保险；得意时不得意忘形，善待他人；朋友有困难的时候，第一个伸出援手，等等。

自从来到人世间的那一刻起，谁都希望自己的一生能够风光无限，至少平平安安。可事实并不会依照自己想象的轨道而运行，有时在享受安乐的时候，痛苦也会不期而至。目标是否实现，不在于眼前是否取得成绩，而在于我们是否能做到常备不懈；人生是否成功，不在于眼前是否风光，而在于我们能否戒骄戒躁，步步为营。一个人不懂得居安思危，便无法保证事事顺利；一个企业不懂得居安思危，便无法保证做强做大；一个军队不懂得居安思危，便无法保证国家的和平统一；一个国家不懂得居安思危，便无法保证国家的繁荣昌盛。

凡事预则立，不预则废，懂得为自己的未来做一些打算，懂得考虑潜在的风险，这是生活教给我们的基本法则。但这并不是让我们事事算计，时时警惕，太聪明的人生反而会少了作为人的乐趣，只要我们在大事上聪明，早作准备，小事糊涂一些也无妨。

人生的这一站也许是幸福是快乐，但是下一站会遇见什么呢？幸福还是痛苦，希望还是绝望，愉悦还是悲伤？当你与幸福快乐为伍时，请不要忘记为人生的下一站做好准备！

在幸福的城市里，你幸福了没？

## 一善念起，万事花开

在两千多年以前的春秋时期，孔子就曾说过："己所不欲，勿施于人。"意思是说：自己想要的生活，别人也想要；自己不希望别人对自己做出伤害，就不要对别人做出伤害。也就是我们做事情不应该只从自己的角度出发，而是推己及人。

官渡之战开战前，曹操一直处于劣势，许多亲信也都认为他不会取得战争的胜利，暗中和袁绍联系，希望战后可以谋得一官半职。

战争的结果却出乎所有人的意料，曹操凭借自己的雄才大略取得了胜利，并直捣袁绍大营，缴获了大批物资和书信，这其中就有曹操的部下写给袁绍的书信。曹操当着所有人的面，将那些书信全部烧毁，一封也没有看，有人提出疑问，为什么曹操不利用这个机会将那些不忠之人杀掉呢？曹操说："他们都有自己的家庭，每个人在绝境之后都希望自身能够有很好的出路。当时我也没有自信获胜，更何况他们呢？何必要追究他们。"

后人却只见到曹操多疑的一面，却从没有想过曹操是一位博爱的政治家，这恐怕也是曹操可以夺得天下的重要原因。不管到了什么时候，在什么境遇下，只有如此博爱之人，才能被他人所推崇。

女孩那年刚好念初中，每天放学都很晚，街上的行人也很少。她必须要穿过一条小巷才能回家，不知为什么。每次穿过那条小巷时，女孩儿总是有种十分恐惧的感觉。

不知道什么时候开始，巷子口那个修车的大爷越走越晚了，就算是路上已经没人，他还是会在那儿等待着。没有人知道他在等谁，因为大爷并没有什么亲人。一天，女孩儿回家时看到大爷依然在摆摊，于是对大爷说："大爷，该收摊了。"老大爷一看是她，笑着说："好嘞。"然后慢慢地将工具收拾好，推着小车跟着女孩进入了巷子中。

从那以后，女孩儿总是叫大爷一起回家，有了老大爷的陪伴，女孩儿的胆子大了很多。渐渐地，女孩不但与大爷同时回去，而且非常热心地帮助大爷收摊。一次，女孩儿一边走，一边很随意地问道："大爷，大晚上的是没有人来修车的，夏天就算了，现在这么冷，您干吗还出来啊？"

老大爷慈祥的对她说："一天夜里我出来关门，看见你独自一个人回来，我就想，巷子里那么黑，你一个姑娘家也太不安全了。于是第二天，我便在巷子口等着你回来，看着你远远地骑车过来，我再把摊收起来，悄悄地跟着你。这样万一遇到了坏人，我也能帮你一把。"

女孩儿听了，感动得流下了眼泪。老大爷接着说："其实后来天气冷了，我就不准备再等你了，毕竟我年岁大了。而你却非常主动地与我打招呼，我心里非常高兴，孩子们都不在身边，还没有人像你一样，这样向我问好。那时我就决定，就把你当自己的孩子看待，天天等你放学。平安护送你到家，我觉得很幸福。"

当我们用爱心去爱护别人的时候，同样也会得到别人的爱。《礼记》中说："人不独亲其亲，不独子其子，使老有所终、壮有所用、幼有所长、鳏寡孤独废疾者皆有所养。"意思就是要有一颗博爱的心灵，一善念动，而花皆开。

在幸福的城市里，你幸福了没？

 **让快乐加倍的唯一方法就是：分享**

有个教徒行善之后得到佛祖的赞扬，佛祖还打算当面向他传授佛法。教徒非常高兴，觉得这是他这辈子最高兴的事情了，于是迫切地想要到处宣扬，甚至有些得意忘形，结果因此打翻了油灯，差点烧掉整个佛堂。佛祖为了惩戒他的过度忘形，就让他暂时待在佛堂里打坐，不能见任何人，弟子们非常不解，觉得这样的惩罚简直太轻了，但是佛祖笑着说："你们错了，他现在可能比任何时候都要痛苦，因为有满肚子开心的事情却没处诉说。"

可以说，人生最痛苦的事情不是遇到不幸的事情，而是遇到了幸福快乐的事情却无处诉说，无人分享。如果说痛苦是需要别人来分担的，那么快乐则需要和大家一起分享，一个人的快乐只有成为大家的快乐，这快乐才会更加吸引人，这快乐才更加有魅力。

培根曾经说过："如果你把快乐告诉一个朋友，那么你将得到两个快乐。"分享的过程实际上就是一种快乐再创造的过程，你带给别人多少快乐，实际上就等于给自己增加了多少快乐。白居易说："乐人之乐，人亦乐其乐。"快乐是需要和好朋友一同分享的，分享就是一次心灵的交流，就是快乐的传递过程和累积过程。

你可以从食物中得到快乐，但是当你把食物分给别人时，可以在分发很美好，那么就没有必要为了房子、车子、昂贵的珠宝、漂亮的衣服或者是高级香水而让自己或者另一半疲于奔命，给自己和他一个自由的空间，你们的爱情才会长长久久，幸福才能永远相伴。你希望自己的孩子每次考试都考一百分，为了这一百分，他失去了和同伴们踢球的机会，失去了看最喜欢的动画片的机会，他变得越来越沉默，你已经好久没听见他开心的笑声了，你用自己的要求，将活泼可爱的孩子变成了暮气沉沉的"小老头"，这一切都是你希望看到的吗？你投注那么多的关心，不就是希望他们一切都好吗？可最终的结局是怎么样的呢？一切都与你的想法背道而驰，你找到原因了吗？如果你爱自己的孩子，那么当他考试失败的时候，鼓励他下次取得进步就可以，没有必要非得设定一个具体的量的考核。如果你爱自己的爱人，那么无论对方经济状况如何，你只要送上真心的鼓舞与支持，而不是每天的冷嘲热讽和无度的索求。如果你在乎自己的下属，那么就要懂得尊重对方所做的每一份努力，就要懂得尊重他的每一个业绩。其实很多时候，无论别人做得好与不好，你只需站在一旁默默支持、默默鼓励，这就足够了。

生活有不可承受之重，为什么不试着放下心中的包袱呢？为什么不试着给别人更多自由空间？我们应该抱着更开放更宽容的态度来面对自己身边的人，要更加释然地看待生活，不要总是对生活抱有太高的期望，哪怕你是以爱之名。其实对生活的期许低一点，我们的人生才不会有那么多的烦恼，我们的快乐才更容易得到满足。幸福有时候真的很简单，只要你所关心的人过得快乐，你就会快乐；只要你所爱的人过得幸福，你也就过得幸福。如果以你的高标准来衡量别人的幸福，那么这份爱未免太过牵强太过沉重了，你承受不起，你身边的人同样承受不起。

在幸福的城市里，你幸福了没？

 ## 抱着贪便宜的心一定会吃大苦头

曾经听过一个非常有趣的故事，乡下的一个男子，因为牙齿坏了，来到街上找医师拔牙。他问道：拔掉一个牙需要多少钱？牙医说：拔一颗牙的费用是50元，拔两颗牙80元。男子想，自己难得来一次集市，拔掉一个牙50元，拔两个要便宜20元，算起来非常划算，于是他就决定拔掉两颗牙齿。

乍听起来，男子好像是占到了便宜，拔了两颗牙才花了80元，可是他的那颗牙本来就是好的，不需要拔掉的，所以他贪便宜的结果是不仅多花了30元，还拔掉了一颗好牙。你说，他这是占了便宜还是吃了大亏呢？

有这样一个寓言故事，从前有一个老人有七个儿子，有一个不幸去世了，尸体便停放在屋中。因为屋子里放着一具尸体，大家都觉得不是很方便，所以老头子就对全家人说，我们搬出去住吧！免得大家看到尸体伤心流泪而且不方便。邻人看见他们搬东西便问："你们怎么突然搬家呢？"老人说，因为屋子里面有尸体让我们感到心痛而且不方便，所以我们决定换一个地方住。邻居问："那你们为什么不把尸体搬出去埋葬呢？"这个老人才恍然。那怎样才可以将尸体运出去呢？老头思索了半天，正好见到一个人挑着担子经过，于是说：用扁担挑出去岂不是很方便？可是用担子挑，担子两边的重量要基本相同，怎么办呢？于是老头决定再杀一个儿子，

这样两边的重量就一样了。

　　这个寓言故事的寓意是，在这世上有很多莽撞的人，只顾自己眼前很少的利益，而将未来美好的前程失去，譬如一个学佛的人，最基本的就是遵守五戒清规。万一不小心犯下哪一条清规，应该及时忏悔，多做善事消除罪恶。可是很多人隐藏自己的恶业，不让人知道，还觉得自己聪明。若要忏悔，不如多犯几次再忏悔，这样岂不是更好？这与杀子成担又有什么不同呢？

　　不遭遇逆境，不经历苦难的人，无法体会人生中的痛苦，也不知觉悟，在逆境之中，或饱尝人世之苦，才想行善积德，但是有没有办法摆脱人世上的几种欲念。想再享几年世间的幸福快乐再去修德积福。一年又一年的想要做功而又畏惧吃苦，一直过着舒适的生活，又希望自己得到上天的眷顾，获得什么秘诀。想着自己不费神劳力就有很多的功德。所以有些骗人者蛊惑人心，而谣传有得道修福的秘诀，达到自己的目的。其实这是在将人引入邪道。

　　曾经有一个穷困潦倒的人，家里只剩一条长凳，他每天不得不在长凳上进行休息。但这个人非常的吝啬，他知道自己这个毛病不好，但就是改不了。

　　他向佛祖祈祷："若是我可以发财，我必定改掉吝啬的毛病。"

　　佛祖有怜悯之心，便给了他一个口袋，说："这个袋子中有一枚金币，当你将金币拿到手里时，袋子里还会再出现一个，但是当你想要去花钱的时候，只有将手上的钱袋扔掉才可以花钱。"

　　那个穷人于是便不断向外拿金币，一整晚都没有睡觉，地上到处都堆满了金币，这些金币已经够他花几辈子的了。他的肚子很饿，想拿些金币去买食物，可一想到要花钱就要先扔掉钱袋，他又很舍不得。

在幸福的城市里，你幸福了没？

他的心里总是在念叨："我不能扔袋子，钱还不够，再多一些我就会扔掉袋子！"

到了最后，他已经没有力气将手伸到袋子里面去了，但他还是抓着袋子不放手，终于死在了钱袋旁边，只剩下一地金币。

在生活中，有些人总是因为一些眼前的小利，与别人发生争执，而忽视未来的利益。执着于贪念之中，必然会被一些别有用心的人利用。金钱并不是罪恶的化身，真正的罪恶是那些执着于物欲追求的贪念。

 ## 急流勇退，能放下便坦然

2300年前，亚历山大大帝率领着自己的马其顿勇士，登上了"上帝之巅"——兴都库什山，站在山顶上，他俯瞰着脚下的大好河山，看着那些臣服在自己脚下的国家：希腊、埃及、叙利亚、亚述、波斯、巴比伦、印度，等等。可是当他的头转向东方时，却第一次感觉到了人生从未有过的寂寞和困顿，他疲倦了，也感觉到了恐惧，因为他发现自己脚下的土地并不是自己熟悉的故土，他终究还是走得太远了……可是，这一点点的寂寞对正在豪情万丈、志得意满的亚历山大大帝来说，只是一个小小的涟漪，激不起任何浪花。他继续东征，打算征服阿拉伯，甚至是波斯帝国。可是没多久他就去世了，而且因为他没有指定继承人，他辛苦建立起来的亚历山大帝国也被瓜分。

当一个人的事业发展到了顶峰，让他急流勇退，恐怕比什么都难，因为没有人愿意把自己辛辛苦苦创造出来的事业去给别人享受。人在顶峰，往往志得意满，踌躇满志，便失去了平日的机敏，也容易被表面现象所迷惑，却不知，危险正在一步步降临。从历史中，我们知道很多开国皇帝坐上龙椅之后会大开杀戒，诛杀与自己一起打拼江山的功臣，因为这些人手握兵权，功高震主，有这些人在，皇帝的龙椅岂会坐得踏实？更可悲的是，这些曾经浴血沙场、帷幄筹谋的重臣，在胜利的曙光里，已早早忘了"功高震主""卧榻之侧岂容他人鼾睡"那些血的教训。他们的眼里，只有享

## 在幸福的城市里,你幸福了没?

不尽的荣华富贵和权力,当皇帝的宝剑刺到眼前时,他们才醒悟,后悔自己为何不早早离去,可一切都晚了。

不过,这世界上也有聪明之人,乱世时帮君王出谋划策,治世后功成身退,例如范蠡、张良、曾国藩等,可这样的人,在历史上少之又少。

古人如此,现代人又何尝不是如此,成功来之不易,更让我们想把得到的一切紧紧攥在手里。可高处不胜寒,站得越高,你所面临的挑战和威胁也就越大。经过一番拼搏,你的体力和耐力都有了大的损耗,而新生的力量却源源不断,你争得了一个,却争不过无数个。与其让自己劳心劳力,反倒不如轻松地放下,在家陪陪妻子,享受天伦之乐。

歌手李娜曾是红遍大江南北的明星,她演唱过许多经典的歌曲,也为许多电视剧配过音乐,在国内外都收获了很多奖项。可是就当她站在人生最巅峰的时候,却突然决定出家,放下了半生拼搏而来的名利和财富,从此布衣素食,青灯古佛,成了佛门中的"昌圣法师"。很多人对此很不理解,这样一个处在大好年华且事业有成的人为什么愿意放下一切出家。对此昌圣法师却很释然,她说自己其实早就厌倦了娱乐生活的浮华和争斗,早就厌倦了虚名浮利给自己带来的各种困扰,她渴望一个更加宁静祥和的生活。于是,她将所有的一切都留给了娱乐圈,将一切都留给了还在娱乐圈打拼的新人,安然抽身。

其实,哪怕不是出家,她也会是一个心地澄明的人,会过普通人最想要过的生活,会远离繁华喧嚣的环境,会享受片刻的宁静,会在乎日月星辰,会享受山风朝露。只不过她解脱得更加彻底更加决绝,她将尘世间一切的一切都悄然放下,为自己修得后半生的福缘福报。更重要的是,昌圣法师希望在佛学中将自己度化到更高的人生境界,希望寻找到更多的人生意义,而她这惊世骇俗的一退,实际上已然是对自己的一种超越,也比其他人不知高出了多少境界。

"我想要过自己的生活,可是我离不开那些牵绊和困扰。"很多时候我们都会用这样的理由来为自己辩驳,似乎人在江湖,身不由己,但实际上一切都取决于自己的心。你心中空无一物,澄明万里,那就没什么是放不下的。所以说,不是我们放不下,而是我们根本没想过要放下。

很多时候,我们只懂得用力,却没有学会如何去收力,这样自然就不能做到收发自如。收发自如,能进能退,这是一种处世的智慧。做人要懂得见好就收,你的心包容不了那么多东西,你的人生也不需要那么多东西来装点,人生恰如海上行舟,你装下的东西太多,那么就注定要面临沉船的危险。做人要能进能退,该进的时候要不遗余力地进取,该退的时候则要坦然地退下来。俗世之中的名利高位,没有什么可值得留恋的,你想得到更多,你想占有的时间更长,这就是贪,就是执着,而贪是一种错,执着也是一种错。

无色禅师名满天下之后,突然决定隐居山林,不再在世间走动,弟子们非常不解,觉得师父应该四处云游,宣扬佛法,将佛法发扬光大。无色禅师说:"我如今已经名扬四海,人人都知道无色禅师,就连王公贵族也邀请我开坛讲佛,那我等于入世,可是出家人最终的目的是为了出世,看来我的修行还不够,所以准备真正出世。"

入世容易出世很难,因为入世人心中有了挂碍,那么也就无法坦然放下一切了。可是人生富贵名利终究有时尽,如果你足够成功了,享受到了足够的成就感和光荣,不久之后也将失去,既然如此,那么为何不坦然地放下一切,给别人留下更多发展的机会?你需要将尘世的所得及时抛入尘世之中,放下退下,你才可以守着自己的窗台,守着自己的春华秋实,守着自己的清风朗月,守着自己的原野山林,守着自己平凡的幸福生活。其

在幸福的城市里，你幸福了没？

实，放下心中的包袱，不仅是把机会留给他人，也是把最稳妥的幸福留给自己。

也许每个人心中都有亚历山大大帝的梦想，也许每个人心中都有一座兴都库什山，如果有一天你真的登上了顶峰，也许该扪心自问一下，自己是否过得快乐，自己是否还有必要去翻越更多的山，自己是否还要击败更多的竞争对手。其实，只有坦然放下，我们才能够轻装前行，才能够创造更惬意的人生；只有释然退下来，将繁华世界留给别人，将纷扰人生抛在身后，我们才能比原来站得更高，看得更远。

 ## 爱出者爱返，福往者福来

"爱出者爱返，福往者福来。"这句话的意思是说，爱好远行的人无时无刻不在眷恋着故乡，而爱给予的人一定可以得到别人更多的回报。

或许，我们见惯了老人摔倒无人扶，见惯了小偷偷钱无人管，见惯了各人自扫门前雪，不管他人瓦上霜，见惯了落井下石，痛打落水狗，我们的热情便在这一次次的冷漠与被冷漠，欺骗与被欺骗中慢慢消磨，直到无影无踪。我们从来没有想过，假如有一天，跌倒在街头的是自己的父母或者是自己，看着来来往往的人群冷漠的表情，你会不会后悔自己曾经同样的冷漠；假如有一天，自己救急的钱被小偷摸走，那么多双眼睛眼睁睁地看着却无人吭声，你会不会后悔自己曾经同样的沉默；假如有一天，你陷入了经济危机，却没有一个朋友来帮助你，你是不是会后悔自己曾经同样的无情。

世界就是这样，当你还站在岸边嘲笑落水者的时候，说不定下一个落水的人就是你自己，而当你冷漠地看着别人在水中拼死挣扎的时候，别人也会在岸上以同样的冷漠看你。沙漠之中的一点绿洲，就足以维持沙漠中千千万万生命的繁衍生息；黑暗之中的星星之火，就足以点亮你心中的希望之路；万物将萌发的心愿交给了世界，世界就让它们呈现出了盎然的生机和蓬勃的朝气。只要你愿意将心中的爱释放出来，愿意将你所拥有的爱奉献出来，你就会得到别人的爱的回赠；你将幸福与别人分享，带给别人

## 在幸福的城市里，你幸福了没？

幸福，也一定可以得到幸福的恩宠。

书生的日子虽然不富裕，但是他拥有一个美丽、温柔的妻子，和一个能够满足温饱的差事，因此，他觉得自己很幸福。一天，书生来到湖边，看到湖面上漂着一个人，他急忙划着木筏到了那人身前。那人脸色苍白，似在水中泡了很久，但一摸，书生感觉那人还有微弱的脉搏。书生赶忙叫岸边的其他人来帮忙，将那人救回家中，并请郎中为其看病。还好，那人只是溺水，并没有大的疾病。那人很快苏醒了过来，但由于身体虚弱，还不能动，便在书生家休养。这期间，书生和妻子对那人就像自己的亲人一样，熬药、做饭，无微不至。但那个人自从醒来后什么话也不说，只告诉书生自己叫乔四儿，书生便也不问。

过了几天，那人的身体恢复了健康，便向书生夫妇道谢告辞，说要回家。

三年后的某一天，书生的妻子上街买东西，被当地的一个恶霸看中，非要娶为第七房小妾，书生的妻子宁死不从，恶霸便捏造罪名，诬陷书生，企图逼迫书生将妻子献出。正巧，这个案子被一个姓乔的大官接手，大官根据案子中的一些疑点，很快便使案情水落石出，恶霸被抓入大牢，书生夫妇当场释放。这时，书生夫妇才知道为自己洗刷冤屈的原来是那个曾经落水被自己所救的乔四儿。

可能你付出的爱很小，也可能你分享的福不被人认可，但是，你付出和分享的对象是非常满足的，他们因你而感觉到了生命的精彩之处，感觉到了生命的可贵之处，在这种感觉下，能够将世界变得更加和谐、美好。

当然，当别人为我们付出时，我们更要懂得回报别人的付出，这种回报不一定是物质上的，但一声真诚的"谢谢"，会让付出的人备感开心，也才能让付出有意义，否则，当别人感觉自己的付出没有任何意义的时候，就没有人愿意再为别人而付出，我们的社会也便失去了温暖。

　　四川重庆开县农民林朝贵不畏严寒，跳入水中救出车祸的17位落水者，事后，他落下疾病。2005年1月，他不断求救，上访，在他写给政府的求救信中有这样一句话："我救了17人的命，现在求政府救我。"无奈的无奈，没有经过媒体披红挂绿喧捧的英雄几乎只能默默然痛苦地终老乡间？林朝贵走了，没带走一个人的微笑，他救的那些人至今不知奔波在何处。

　　林朝贵走了，没带有社会的回报，那些冷眼看社会的人，将又如何奉献自己的行动和爱心。在一个没有回报的社会，连流动的空气都是冷的。在一个只有付出的社会，连人们的梦想都是那么苍白无力。

　　家有万金，不能斗量斛出；地有万顷，不能只种不收。付出之后，回报是激励人们希望存在的最终目标；回报的存在，也是激励人们不断付出的动力。试想，玄奘如果不是对佛法的渴求解读，那是什么目标激励他寸步量万丈？试想，哥伦布如果不是对财富的追求，那是什么目标激励他探索未知？甚至于现在，人类如果不是渴求外太空资源，又如何频频向太空、向木星、土星频送"秋波"？如果不求回报，那么人类之举岂不是迂腐之极？回报是付出的目标激励，也是付出行为的动力。

　　爱是人类生活中一个永恒的主题，为爱付出而不要回报的人，为的是一个"情"字；为爱而选择回报的人，为的是一个"恩"字。有情，有恩，才有爱。

　　如果你深爱生活，用心去感悟，就会发现：这世界，虽有大奸大恶，但依然是美好多于邪恶。只要你真心去赠予，你赠予的同时，他人也在赠予你；只要你真诚地回报，你回报的同时，他人也在回报你。只是，赠予的时候，不要心存功利，不要太多盼望，就像春风拂面，春风是快乐的，

在幸福的城市里，你幸福了没？

你也是快乐的。只是，回报的时候，不要超越承受，不要敷衍了事，应如秋果飘香，秋果是甜蜜的，他人也是甜蜜的。

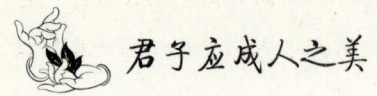

## 君子应成人之美

《论语·颜渊》中这样说:"君子成人之美,不成人之恶。"

孔子说:"仁德之人,想要自己有建树、有成就,就要帮助别人有建树、有成就;想要自己发达、显贵,就应当帮助别人也发达、显贵。"

在儒家的道德思想中,往往将"成人之美"看成是处理人际关系的重要原则,从而主张"立人达人"。很多人在成功之前,都是默默无名的小辈,并不是任何人都能有一个位高权重或者人脉广泛的父母、导师,或许在你梦想中的地方,有许许多多的机会,但你并不知道,就算你知道了,以你目前的地位或者是身份,想要的也是遥不可及。或许这个时候,只要能有人帮你写一封推荐信,你就会轻轻松松地站在那个你曾经梦寐以求的地方。

曾经的卧龙虽然也是贤名在外,但如果没有徐庶的推荐,他或许只能是一条闲居山野、终老一生的"卧龙",而不会飞龙在天;曾经的孔杰虽然天资聪颖,但如果没有聂卫平的推荐,他或许只能站在北京的棋院前望棋哀叹;韩信尽管满腹谋略,但如果没有萧何的推荐,他或许只能是个平凡的军事爱好者;管仲尽管具有治国之才,但如果没有鲍叔牙的推荐,或许他早已沦为阶下之囚……那个站在后面帮助别人成功的人,我们称之为"君子","君子成人之美","君子立人达人"。

## 在幸福的城市里，你幸福了没？

著名音乐家李斯特知道肖邦是个非常有才华的音乐人，但是苦于没有机会被公众认可，一次音乐会上，李斯特想到了一个让众人认识肖邦的主意，他看到，音乐会在进行的过程中，所有的灯光都会熄灭，这样一来，谁都不能看到是谁在演奏，于是，演奏会进行一半的时候，他让肖邦代替自己，演奏完毕后，灯光亮起来了，观众们看到了肖邦，为演奏新星鼓起了热烈的掌声。

李斯特和肖邦同为音乐人，却并没有因为肖邦的才华而嫉妒肖邦，阻挡他的前行道路，打压肖邦。反而想尽办法让肖邦得到音乐界、观众的认可。这两个人在音乐界都取得了不朽的成就，并且依靠自己独特的音乐才华，成为音乐界泰山北斗。

每个人都是与众不同的，每个人的禀赋各异，当有人需要你的时候，需要分享你的智慧，不妨传道授业，助人成功，因为先付出的人是可贵的。

不计后果为他人付出一切，是犹太人判断、衡量一个人的标准。犹太人将付出看得非常重要，很多犹太人都认为，财富是用来行善的。

有个人在黑夜外出，那天还是阴天，月亮也没有出来，外面黑得伸手不见五指。这时，那个人突然看到前方有个犹太人正打着灯笼为过往的人照亮，走近一看才知道，那个犹太人是个瞎子。

于是，这个人问犹太人："你提着灯笼也看不到东西啊，为什么要多此一举呢？"犹太盲人说："我深知看不到光走路的困难，所以每天晚上都会提着灯笼在这里为路人照亮。"

自己看不到，却还能提着灯笼为别人照亮，这种无私的付出感动着很多人，其实，他大可不必这样，即便有人从自己家门口路过又怎样，反正自己看不到，点着灯笼不过是浪费烛火，但犹太人却不这样想，他更多地想自己如何为别人付出,让别人前行的道路更加光明。

成功其实是多元化的,不要一味地将自己的成功看成成功,将别人的成功看成障碍,应当尽全力去帮助别人走向成功,将别人的成功看成是自己的成功,只有这样,别人成功的时候,你才能感受到快乐,内心才能被快乐熏染,心灵也会因此得到解脱。反之,不能助人为乐,不懂得付出的人,不但不会帮助需要帮助的人,还在别人成功之时心生嫉妒,无法享受到生活中的快乐。

在幸福的城市里,你幸福了没?

# 第三章
## 别总盯着外界,幸福在你自己身上

## 看别人不满，首先是自己修养不够

美国神经生理学家沃尔特·佛里曼发现，由感官刺激引起的神经活动在大脑皮层中消失了。这意味着我们的大脑从外界接受信息，然后又抛弃掉它们中的大部分，只使用其中一小部分来建立一个内心世界，这样，我们好像戴着一副看不见的镜片在看世界，镜片过略掉大部分的东西，我们通过自己的内心来填充这个世界，就好像你填充字母一样。

因为这样，我们往往在看别人的时候，总是无限大地放大别人的缺点和不足；而在看自己的时候，却总是将自己的缺点屏蔽，优点放大。所以在我们眼中，别人总是满脸的"麻点"，自己却完美无缺。

可是我们不知道，眼睛也会骗人，眼睛看到的不一定都是真的，当你的眼睛蒙上了灰尘，你眼中的世界便会满是污点。

有个女人杀死了自己的丈夫，被判处死刑。行刑那天，刑场周围人山人海，人人都想看看这个杀死自己丈夫的女人是多么恶毒，多么丑恶。在他们的心里，一个好女人是不管怎么样都不会杀死自己的丈夫的，这样一个女人，只配下地狱。在人们义愤填膺的咒骂声中，女人被押到了刑场，人们纷纷扔出手中的鸡蛋、烂菜叶子、烂鞋等，来抒发自己对女人的愤怒。

这时，一个老僧带着徒弟经过刑场，他看到这番情景，什么都没说，而是从路边的茶铺里讨了一碗水，上前送给女人。

## 在幸福的城市里，你幸福了没？

看到老僧的举动，人们纷纷指责老僧身为出家人，却善恶不分，竟然同情一个杀死自己丈夫的女人。老僧的徒弟赶紧将老僧拉出人群。

徒弟问老僧："师父，这样一个女犯人，你为什么还要给她水喝呢，我听别人说这个人很坏，师父没有必要管她的。"老僧告诫徒弟道："无论善恶，在出家人看来不都是一样的吗？我们怎么能够有分别心呢？还有就是，我们根本不了解发生了什么事，不了解那位女施主犯了什么罪，也不了解她为什么犯罪，怎么就能够妄加评论呢？你看到他人身上有恶，但其实恶在自己心中。"徒弟听后羞愧地低下了头，不再言语。

在事实真相未明朗之前，我们不要轻易发表自己的看法，不要总是急于表达自己的不满情绪，先要看看自己是否足够平和，是否足够公正，是否能够摒除心里的干扰。我们不能总是抱怨别人的不是，不要总是将矛头对准别人，很多时候，问题根本不出在别人身上，而是出在我们自己这边。你的心中不能容人，你的气量不够大，你的心胸不够宽广博大，你的修养不够高，那么无论对方是谁，无论对方做什么，都难以让你另眼相待。所以佛家说每一次看人实际上都是在看自己，你将别人贬得越低，就等于将自己的人格贬得越低；你觉得对方一无是处，恰恰证明自己一无是处。

其实，我们往往戴着有色的眼镜去看待别人，自己认为好的就绝对是好的，自己不喜欢的就肯定是坏的，我们凭着自己的直觉和情绪去评判别人的好坏，所以所得到的答案其实就是心灵的真实反应。你心里怎么想的，你就会如何去看，你心里不干净，你的世界也就不干净。当一个人主观地控制自己的情绪，控制自己的世界观，他的心中根本没有所谓的是非标准，没有什么所谓的客观评判，他所看到的一切邪恶，实际上很可能就是心中的邪恶；他所看到的一切扭曲，实际上都是自己心灵上的扭曲；他所见到的一切不完美，实际上都是心中的缺陷。

我们的眼中容不得沙子，可是别人往往并不是沙子，真正的沙子在我们自己心中。我们自己有心理疾病，有障碍，所以我们无法容忍别人，我们看不惯别人的所作所为，我们将对方所做的一切都视为一种错误。一个人越是抱怨别人，对别人越是表示不满，那么他的内心就越是狭隘，他的修养就越是低下，他的世界观就越是扭曲。当他以是非善恶之心来评判别人的时候，实际上恰恰是自己是非善恶不分。

有人说你心中的世界是怎样的，你眼中的世界就会怎样，我们以善良的心来看世界，世界就充满爱和正义；我们携着恶念来看待世界，这个世界就是恶的；我们用抱怨的眼神看待世界，这个世界就是不公平的。生活的美与丑，关键在于你内心的美与丑，你的眼中掺杂了多少杂质，你的心里存在多少业障，你眼中的世界，你眼里的人就会多么的灰暗。有时候，你眼中所看到的世界并不是真实的世界，你眼中所认识的人也并不一定就是他的真实本相，所以佛家主张用无明的心来识人，来看待世界。只有抛却自己主观上的恶念，只有抛却内心的干扰，我们才能真正认清别人的真面目，才能认识这个世界的本质。

在幸福的城市里，你幸福了没？

 说是非者即"是非人"，堵住自己的悠悠口

《菜根谭》云："十语九中未必称奇，一语不中，则愆尤骈集；十谋九成未必归功，一谋不成则訾议丛兴。君子所以宁默毋躁、宁拙毋巧。"意思说，即使十句话能说对九句也未必有人称赞你，但是假如你说错了一句话就会遭受人的指责；即使十次计谋你有九次成功也未必得到奖励，可是其中只要有一次计谋失败，埋怨和责难之声就会纷纷到来。所以有修养的君子宁肯沉默寡言，不是经过深思熟虑的话不随便乱说；表情绝不冲动急躁，做事宁可显得笨拙一些，绝对不能自作聪明而害人害己。

言多必失，这是自古就流传下来的一句真理。在为人处世上，最关键的环节就是人与人之间的交流，而在交流上并不是说和任何人都可以信口开河，想说什么就说什么，就像自己跟自己说话一样，而是要讲究语言的交流方式，尤其是人与人之间的关系更加复杂化，人们的心理活动越来越不可捉摸，所以往往有的时候，如果我们有一句话说错了，就会在不知不觉中给自己招来了后患。所以说话注意方式和场合，尤其是要注意与自己说话的对象，就是相交最深的知己，甚至是夫妻之间，也不是可以肆无忌惮，也应该要有一定的分寸。

一天，一个人急急忙忙地跑到某位哲人那儿，说："我有个消息要告诉你……"

"等一等，"哲人打断了他的话，"你要告诉我的消息，用三个筛子筛过了吗？"

"三个筛子？哪三个筛子？"

那人不解地问。

"第一个筛子叫真实。你要告诉我的消息确实是真的吗？"

"不知道，我是从街上听来的。"

"现在再用第二个筛子审查吧，"哲人接着说，"你要告诉我的消息就算不是真实的，也应该是善意的吧。"

那人踌躇地回答："不，刚好相反……"

哲人再次打断他的话："那么我们再用第三个筛子，请问，使你如此激动的消息很重要吗？"

"并不怎么重要。"那人不好意思地回答。

有时候我们着急告诉别人的事情，也像这个人要告诉哲人的消息一样对人对已毫无益处，如果我们先用"真实、善意、重要"这三个筛子筛一下我们要说的话，我们就会发现，很多话其实根本不必说，也不用说。什么样的话可以说，什么样的话不能说，每个人的心中都应该有一个原则与标准，一个喋喋不休的人很容易招人厌烦，一个言语不当、恶语相加的人更容易招人怨恨，甚至报复。

语言本身就是一把双刃剑，可以用来跟人交流，也可以作为互相伤害的工具。东汉王充写的《论衡》中有一篇叫《言毒》，讲天地世间有各种各样的毒，"人中诸毒，一身死之。中于口舌，一国溃乱。……故君子不畏虎，独畏谗夫之口。谗夫之口，为毒大矣！"当言论失去控制，变成杀人的利器，不但个人深受其害，连国家也为之动乱。可见"言毒"杀伤力之大。

而一个懂得管住自己的嘴的人，不但能够获得他人的尊重，也会做出

## 在幸福的城市里，你幸福了没？

一番骄人的成绩。例如曾国藩，人常说曾国藩说话语迟，别人在那里高谈阔论的时候，他往往一言不发，但不怒自威。曾国藩曾经叮嘱自己的儿子："说话不要太快，与人答话的时候要沉吟片刻再说出下句，不要抢话。这样，你说的每一句话会很中规中矩，掷地有声。"所以，很多时候，你宁可让自己显得笨拙一点，也不要故作聪明，从而言不达意，叫人耻笑。

小刘从原公司跳槽之后，找到了一家各方面都不错的公司，更重要的是新公司里有一位同事小王是他大学时的同学。小刘非常高兴，因为他认为有小王在这里，对自己熟悉新的环境，尽快胜任工作有着很大的帮助，而且自己也不再孤单了。可事情并不像小刘想象的那样顺利，小王虽然表面上对小刘非常热情，还主动给小刘介绍公司的同事给他认识，可在工作上却总是有意无意地暗中作梗，有时候甚至不是挑毛病，就是故意拖延工作，或者是故意给他提供错误的资讯，使小刘走了许多弯路。

小刘不明所以，感到十分困惑，为了弄清发生了什么事，小刘邀请小王去饭店吃饭，可是小王拒绝。小刘没办法，只好请公司的另一位同事帮忙，才终于知道了，原来在十年以前，小刘在言语上得罪了小王，小王一直怀恨在心……

在现实生活中，如果只图一时之快，不注意言语的轻重对错，不考虑自己行为所带来的后果，如此任性而为，往往会给自己带来无尽的烦恼。因此，无论什么时候，我们都应把握好说话的分寸和行为的尺度，做到谨言慎行。

##  命运在自己手里，不要寄托给他人

一个生活平庸的年轻人，对自己的人生没有信心，经常出去找一些"赛半仙"算命，结果越算越没有信心。他听说山上寺庙里有一位禅师很是了得，有一天他便带着对命运的疑问去拜访禅师。

他问禅师："大师，请您告诉我，这个世界上真的有命运吗？"

"有的。"禅师回答。

"噢，这样是不是就说明我命中注定穷困一生呢？"年轻人问。

禅师让这个年轻人伸出他的左手，指着手掌对年轻人说："你看清楚了吗？这条横线叫作爱情线，这条斜线叫作事业线，另外一条竖线就是生命线。"

然后禅师让他自己做一个动作，把手慢慢握起来，握得紧紧的。

禅师问："你说这几根线在哪里？"

年轻人迷惑地说："在我手里啊！"

"命运呢？"禅师又问。

年轻人终于恍然大悟，原来命运是掌握在自己手里的。

"不要活在别人的嘴里，不要活在别人的眼力，自己的命运掌握在自己的手里。"当然，再看看自己的拳头，还会发现，你的生命线有一部分还留在外面没有抓住，在"上天"的手里。成功者奋斗的意义就是用其所

## 在幸福的城市里，你幸福了没？

有的努力换取"上天"手里的那部分命运。

很多时候，我们总是哀叹自己没有一个像李嘉诚那样的爸爸，可我们为什么不想着做一个像李嘉诚那样的儿子，让父亲以自己为豪呢？我们贫穷时，总是想着世界上要是真的有阿拉丁神灯就好了，一下子就可变成大富翁，可从来没有想过要靠自己的努力为自己赚得财富？我们看着台上明星的光彩照人，总是想着自己要是也像他们该多好，可从来没想过他们在台下经过了怎样的辛勤磨炼？

作家郑渊洁曾经说过："把希望寄托在别人身上意味着把失望留给自己。"任何人都不是别人生活的附属品，任何人都不应该让别人来掌控自己的命运，任何人都不能把所有的希望都寄托在别人身上，自己不去创造和把握，幸福就只会远离自己。也许我们在短时间内可以找到寄托，可以寻找到一个安身之所，可以在别人的遮蔽下免于风雨侵蚀，可是有一天别人撤去他的双手，你该怎么办，你还能依靠谁。鲁迅在谈论易卜生的《玩偶之家》时，曾经提出了一个重要的命题：娜拉出走之后会怎样。鲁迅一阵见血地指出娜拉根本不可能一个人在外面生存下去，因为她没有经济支撑，她的生活和命运被掌控在丈夫、家庭的手中，她没有能够将命运控制在自己手中，所以她的命运最终只能受人摆布。

生活需要我们学会独立，幸福也是独立的，没有谁能够真正改变你的命运，没有谁能够真正带给你幸福，你自己不懂得去创造，不懂得去把握，那么即便你的生活条件再好，也不会觉得快乐。只有自己创造出来的幸福才是真正稳定的幸福，只有自己掌控的命运，我们才有机会去改变它，别人不能决定什么，也不应该为你决定什么，我们也不应该成为他人的傀儡。其实，把握命运就像放风筝一样，无论风筝飞得多高多远，束缚它的那根长线始终要控制在自己手中，你才是幕后那个调控者和放飞者，一旦你选择松手，一旦交出控制权，那么你的风筝即便飞得再高再远也无济于事，因为此时它已经不再属于你，而且它飞得越高，也就离你越远。

## 禅境10课：唤醒你的幸福

我们常常说命运由我不由天，常常主张自力更生，主张靠自己养活自己，但是一到了拼搏的时刻，我们就总是喜欢走一些捷径，喜欢想一些更容易成功的路子，所以经常会把希望寄托在别人身上，觉得自己什么也不去做而把命运交付到别人手上，这样反而更好更省事。孩子们希望自己的父母可以帮助自己铺路架桥；失意人渴望遇见贵人，渴望对方可以让他一朝就平步青云；没钱的人渴望嫁个有钱人，希望一夜之间就改变自己灰姑娘的命运；没有地位的则渴望他日能够一人得道，鸡犬飞升，沾一沾别人的喜气。我们总是渴望别人施舍自己一点幸福，渴望别人来改变自己的命运，但是事实上每个人的命运都是需要靠自己来抓住的，你将希望寄托在别人身上，那么无论你的梦想有多么伟大多么美好，最终可能只是一场海市蜃楼，始终都是要破灭的，最现实的做法就是将命运掌控在自己手中，让自己去改变命运。

女诗人舒婷在《致橡树》中这样写道："如果我爱你/绝不像攀缘的凌霄花/借你的高枝炫耀自己/我如果爱你/绝不学痴情的鸟儿/为绿荫重复单调的歌曲/也不止像泉源/常年送来清凉的慰藉/也不止像险峰/增加你的高度，衬托你的威仪/甚至日光/甚至春雨/不，这些都还不够/我必须是你近旁的一株木棉/作为树的形象和你站在一起……"每个人的幸福都需要自己来创造，不要总是借助外在的力量来改变自己的生活和命运，须知"我的命运我做主，我的幸福我做主"，我们自己才是人生最大的寄托，才是命运的实际掌控者。

 ## 自己做好了，才有权指责他人

孔夫子说："己所不欲，勿施于人。"自己如果没有做到的事情，那么就没有必要强加到别人身上去，但事实上，很多时候我们都是把挑剔的眼光放在别人身上，至于自己是否合格，我们根本不去考虑。正因为如此，我们在批评别人的时候，总是显得底气不足，总是缺乏足够的说服力，总是会遇到对方的激烈反抗。

如果我们自己经常犯错，那么别人凭什么来相信你的话，你又凭借什么去说服别人。如果自己能力不行，就不要抱怨别人能力不济，只有自己做到了，才能有资格去说别人。做人做事，首先要做到的就是问心无愧，只有先让自己做到无可指摘，然后才能去挑剔别人身上的错误；只有先把自己武装起来，给他人树立好的榜样，才有机会说别人的不是，这样才能让人心服口服。

父母在教育孩子的时候，总是会为孩子难以改正那些坏习惯而头疼不已，但实际上真正的问题可能并不在孩子身上，关键在于父母没能管教好，这种管教并不仅仅是言语上的告诫和束缚，更重要的是以身作则。父母没有在孩子面前树立好的榜样，没有改正自身存在的缺点，那么试问又如何让孩子信服呢？孩子们的生活经验大部分来自父母，所以父母的一言一行往往能够影响和左右孩子的成长，如果父母们没有意识到自己的缺点，没有做好自己应该做的事，那么很显然孩子也会跟着犯错，而且他们会觉得

这是理所当然的，至于父母后来的批评，他们自然也不会轻易听进去。

夫妻吵架往往也是如此，我们总是单方面地抱怨自己的伴侣这不好那不好，可是却从来没有想过自己身上是否也存在那些毛病，自己是否也没有尽到应有的责任？你将所有的过错推到对方身上，你抓住对方的缺点不放，可事实上你自己又是否有足够的说服力呢？任何一段感情出现问题，往往是双方都出现了问题，当我们在指责对方的同时，真的应该静下心来分析一下自己到底在哪些方面做得不够出色，自己到底存在怎样的缺陷，如果贸贸然就把枪口对准对方，那么彼此之间的关系只会越闹越僵。

生活就是如此，当你站在这头嘲笑别人的时候，别人同时也站在另一头嘲笑你，你笑别人荒唐滑稽，实际上别人可能也在笑你愚蠢。所以当你在指责别人不干不净的时候，就要记得看看自己身上是否一尘不染，看看自己真的是否毫无斑点污渍；当你在指责别人一无是处的时候，要记得称一称自己的斤两；当你在埋怨别人没有为你付出的时候，你想一想自己什么时候为别人付出过；当你指责别人小肚鸡肠、心胸狭隘的时候，你可以先看看自己究竟有多少气量。做人要有识人之心，更要有识己之心，了解自己才能去评价别人，千万不要做出五十步笑一百步的傻事，更不要成为嘲笑镜中人的昏庸之才。

其实，看到别人身上的缺点很容易，但是看见自己身上的缺点却往往很难，古希腊的太阳神庙中有一句名言："人啊，认识你自己。"真正能够认识自我的人究竟又有多少呢？我们总是看着别人的不足，总是抱怨他人的不是，总是指责他人的无能，可是我们自己究竟扮演着什么样的角色呢？天才，全能战士，先知先觉的圣人，还是完美无瑕的天使？我们是否认识真正的自己，是否认真剖析过自己的能力有多少，自己的优势是什么，自己又有什么缺点。

其实无论是什么场合，我们都要做到及时反省自己，当别人没有做好或者做错某件事情时，你应该想一想自己是否可以做到，想一想自己是否

## 在幸福的城市里，你幸福了没？

可以做得比他更好。每个人都应该寻找一个参照物，我们自己往往也会是别人的参照物，当你准备指责别人不是的时候，就要参照一下自己的言行，看看自己是否做得合格。

有个年轻人总是喜欢在大树底下乘凉，不仅如此，他还常常在两棵树之间绑上一个吊床，来回摇晃着，然后舒舒服服地睡午觉。可是某一天，正当他迷迷糊糊地睡觉时，突然树上面有鸟儿把粪便落到他身上。年轻人立刻跳起来，气急败坏地指着树上的鸟大骂："你这该死的畜生，难道没见到粪便掉在我身上了吗？"这时候，有位老禅师恰巧经过这里，看到年轻人非常生气地站在那里破口大骂，于是就上前劝阻。

年轻人根本听不进去，觉得老禅师根本就是在多管闲事，何况这样一只小鸟根本碍不着出家人什么事。他扬言要爬到树上去赶走这些恼人的小鸟，好好出一口恶气。老禅师见状连忙苦口婆心地劝说："施主可千万使不得。"年轻人看了一眼禅师，很不耐烦地说："为什么使不得？难道我就活该在这里淋鸟粪吗？"

禅师于是让年轻人看一看自己的手，年轻人发现自己的食指指着树上的鸟儿，大拇指朝着天空的方向，而另外三根手指正朝着自己。老禅师解释说："那根食指代表了你对小鸟的指责，大拇指则抱怨老天没有给你运气，而另外三根手指，你知道为什么要指向自己吗？因为当你埋怨和指责别人时，实际上最应该做的是指责自己的不是。"年轻人听说后一下子羞愧得无地自容，很快撤掉了系在树上的吊床，以后再也不到这里来乘凉了。

在古希腊神话中，普罗米修斯在人身上挂了两个口袋，一个装着别人的缺点，另一个装着自己的缺点，他将装有别人缺点的口袋挂在人的胸前，将另一个口袋挂在人的背后，结果我们常常只看到别人的缺点，而看不见自己的缺点。做人要懂得挖掘自己身上的不足，要时刻反省自己，不要一味把批判的目光放在别人身上。如果你是一株小草,那么就不要嘲笑秧苗;如果你没有大山的雄伟挺拔,就不要指责丘陵的低矮;如果你正在枯萎,就不要嘲笑草木的凋残。我们不该总是把眼光放在别人身上,上帝创造出了不完美的别人,也同样造出了不完美的你。

如果你还不够了解自己,那么就真的需要一面镜子,这样,当我们嘲笑别人脸上有灰尘时,就一定要先照照镜子,然后记得擦干净自己的脸。

在幸福的城市里，你幸福了没？

 ## 别人的脚印里走不出自己路

时下，中国有个很流行的词语，叫作"山寨"，通俗的意思就是盗版、克隆、复制。我们身边的山寨产品也是比比皆是：山寨手机、康帅傅方便面、粤利粤饼干、统十冰红茶、你妹牙膏……看着这些山寨品，很多人被雷得外焦里嫩，大喊"坑爹"。

山寨品多了，山寨人也慢慢多了起来。所谓的山寨人，就是只要是名人、成功人士的经验、方法，不管对自己适不适用，都照搬过来，用在自己身上，这种人，是完全把自己当作了"小白鼠"。可他不明白，每个人的人生都是独一无二的，前人的经验我们可以借鉴，可以吸收其中的精华为己所用，但完全照搬，对自己来说则是有害无利。

爱因斯坦死后，有位医生切除了他部分大脑以作进一步研究，但是此举招致很多人的不满，认为这是对死者的不尊重，还有一些人讽刺说："即便将爱因斯坦的大脑移植到别人身上，这个世界上也不会有第二个爱因斯坦了，也不会有人能够获得他那样的成功了。"

同样是一杯咖啡，有的人品出的是苦涩，有的人品出的是浪漫，有的人品出的的香气四溢，有人品出的是寂寞，有的人品出的是欢快。你看着别人喝咖啡是一种享受，当你自己端起杯子时，也许更多的是痛苦。可见，人生最需要的不是那些看起来最美的东西，而是那些最适合自己的东西，你觉得别人的鞋子很漂亮很搭配，但是如果不合你的脚，那么即便你得到

了也是一无所用。

有个僧人非常崇拜慧远禅师，为了得到慧远禅师的教诲，他不远千里来寻找慧远禅师。一见到慧远禅师，僧人便十分激动，虔诚地双手合十，恭恭敬敬地向慧远大师行礼。慧远禅师还礼后，将僧人迎入草庐之中。

两人坐定之后，僧人便与慧远禅师谈论佛学，慧远禅师佛学根基深厚，舌吐莲花，僧人受益匪浅。僧人非常想拜慧远禅师为师，修习佛法，可他听说慧远禅师从来不收弟子，他便不敢直接提出自己的要求。于是恭恭敬敬地说："刚才听了大师的话，简直受用不已，大师的佛学如此高深，实在让人拜服，我想大师一定是在修行极为高明的佛。"慧远禅师听后，微笑着说："你我修的不是现世的佛吗？我并没有什么特别的修行，不过是修些自己的佛而已，这并没有什么特别的。"

僧人却以为这不过是慧远禅师谦虚罢了："既然大师修行的是你自己的佛，想来一定有不传的修习秘术了？"慧远禅师明白了僧人的目的，闭上了眼睛，沉默不语。

看见慧远禅师的表情，僧人更加确定了自己的猜测，便不厌其烦，一遍遍地追问。慧远禅师见状，摇摇头，站起身理也不理僧人，头也不回地走了。僧人知道慧远大师这是下了逐客令，只好无奈地离开了，而他的心里却对慧远禅师不愿意告诉他秘术而恼恨不已。

下山的时候，僧人得知山的附近还住着一位得道高僧，于是决定前去拜访这位高僧。见到高僧，僧人将自己诚心求佛的事情告诉了老禅师，然后又提到让自己一无所获的慧远禅师。当着高僧的面，僧人直接表达了自己对慧远禅师的不满，他认为慧远禅师是个自私、狭隘的人，将自己的"秘术"私藏起来，一点也不愿意告诉别人。高僧见僧人越说越生气，连连摇头说："我想你是错怪了慧远禅师啊！据我所知，慧远禅师并没有什么特别的修行秘术。"

## 在幸福的城市里,你幸福了没?

僧人争辩说:"他亲口告诉我有秘术,可就是不愿意告诉我这秘术是什么?"

高僧笑着说:"修佛的人修的是自己的佛,你处处向他人求取修行的法门,自然不能得道,慧远禅师让你离开,不过是希望你能修行自己的佛而已。"僧人一听,这才知道自己冤枉了慧远禅师,后悔不已,同时也对自己的气量和修养感到愧疚。

在很多人的眼里,别人家花园里的玫瑰开得就是比自己家的娇艳,所以千方百计地向人家求妙招,可自己家花园的紫薇开得也很美,也有很多人艳羡,但他自己就是看不见。可是最终却发现,得到了别人的妙招,自己种的玫瑰还是没别人的好看。人生的路就像是种花一样,别人好的方法,并非完全适合于你,取其精华来借鉴,然后走出自己的路,这样的人生才是属于你自己的。

我们需要了解自己所走的路,应该了解自己适合走什么样的路,不要跟着别人的脚印前进,不要总是觉得别人走过的路一定好走。这是你健全人生的一部分,你自己的理想,你自己的选择,你自己的决定,你自己的思想,你自己的眼光,你自己要走的路,这些是你生活所需要的东西。对于生活而言,你正在做你自己,你正在塑造你自己的人生,而不是当一个无头无脑的跟随者,你应该有自己的活法,哪怕并不那么突出,哪怕很糟糕,至少你也真正地为自己而活了,至少你也对自己的人生尽到了最起码的责任。

 ## 不要为外界诱惑，守住你的本心

在生活中，你是否经历过这样的情况：心里清楚吸烟有害健康，但是却因为吸烟所产生的伤害并不是立刻显现出来，因而就不愿意放弃一时的快感；心里清楚只有努力学习才能获得更多的快乐，但是因为不能放弃一时舒适的享受，而放弃紧张的学习。由此可见，要抗拒某种立刻可以满足的诱惑是非常困难的。

中国有一个这样的寓言故事：有一天，八仙之中的吕洞宾下凡拯救众生之苦，在路上看到一个小孩在不停地哭泣，他就问小孩："你因何事伤心？"小孩说："因为家中贫苦，没有办法奉养双亲。"

"我给你个金块，你拿去奉养双亲，如何？"吕洞宾被孩子的孝心所感，随手指了一指路边的一块石头，那石头立刻变成金块。当大仙将金子递给孩子的时候，竟然被拒绝了。

"你家里很苦，为什么不要金子呢？"吕洞宾很诧异。

孩子指着吕洞宾的手说："我现在想要的是点石成金的手指。"

这则寓言并不是很长，但是很有现实意义。饥饿交困的孩子看到了金子，激发了他心中的欲望，欲望让他迷失了心智，居然放弃了金子，竟然想要点化金子的手指。由此可见，诱惑令人心智迷乱，让人陷入歧途当中。

## 在幸福的城市里，你幸福了没？

"诱惑"最早的解释是在《淮南子》，"诱"的意思是先导，"惑"则是给人展示假象，就是要诱导人离开原来的认知轨道，步入歧途。

人在世上，红尘滚滚，色迷五内，目眩头晕。可以这么说，诱惑到处皆是，无处不有，人就处在诱惑的包围之中；名气诱惑、钱财诱惑、美色诱惑、美食诱惑，如此等等，各种诱惑俱全。凡此种种，都能引发世人的联想，激发人的欲望，令你丧失理智，欲得之而后快。在诱惑面前，有的人选择接受，而有些人选择放弃。

名利，尽管很多人对它持以清高的态度，甚至诅咒它，但它必然有奇妙的魅力所在。要不，古往今来，不知多少人花费心血，在追求，在奔波。《史记·货殖列传》中讲："天下熙熙，皆为利来；天下攘攘，皆为利往。"相传乾隆皇帝有一次微服私访下江南，有一次在江边眺望远景，看见水面上船只往来不绝，穿梭不断。他于是问身边的大臣，那几百条船上的人在做什么，他的大臣答道，他只见到两只船，一只叫"名"，一只叫"利"。可以想象名利对人有多大的诱惑，非是一般人可以拒绝的。许多有德的高僧以及名士可以拒绝名利的诱惑，可是只有那些超脱物外的大人物懂得拒绝，可见有的人能放得下利，而很少有人放得下名。

历史上的那些清官都有拒绝名利诱惑的德行，以自己品格的高尚为后世树立拒绝诱惑的表率。西汉史学家司马迁面对得势的大将军送来的洁白玉璧，说出了："白璧最可贵之处是没有污点斑痕，物如此，人更应如此……若是我将玉璧收下，我便有了污点。"东汉的杨震在面对夜晚送重金的王密说："天知、神知、我知、你知，何谓无知？"

社会形形色色，有很多吸引人的东西，金钱、美色、荣誉、官职、权位乃至房子、车子、美酒佳肴等。而在公元前的四世纪，犬儒学派的哲学家第欧根尼只有一身破烂的衣服、一条毯子、一只泥桶。一个征服者，国王亚历山大去他住的地方去看望他，充满同情地问道："第欧根尼，我能为你做什么呢？"这位朴素的智者回答："能，站开吧，你挡住了阳光。"

面对诱惑，这位朴素的修行者这样回答，真是让人吃惊而且新奇。面对种种诱惑，而有些人选择了接纳，还觉得不拒绝是理所应当的事情，从严嵩、和珅，到陈青山、张子善，再到被处以极刑的胡长清、成克杰，这些贪官的落马，总结教训，都是在钱财美色的诱惑之下，思想动摇而没有拒绝。

面对诱惑，如何才能约束自我呢？就是需要让道心渗入生活之中，"入色界不被色染，入声界不被声惑，入香界不被香惑，入味界不被味惑，入触界不被触惑"，在污秽当中保持着洁净的心灵，出污泥而不染。有人曾经问达摩大师来中国干什么？他说："寻一个不受惑之人。"好一个不受惑之人！天下之大，能有几人？

理学家程明道与弟弟程伊川一同出席一个宴会，在席间召妓共饮，伊川非常的矜持，目不斜视，明道则是满不在乎的样子，照吃照饮。宴后，伊川就觉得明道做人太不谨慎，明道先生答曰："目中有妓，心中无妓！"这样的胸襟是何等的洒脱，正是"云月相同，溪山各异"，"百花丛里过，片叶不沾身"，这是我们普通人不能达到的境界。

面对各种诱惑，凡人可能不能自制，而戒律则告诉你不能被迷惑，必须保持住做人的清白，提升自己的品格。在古籍《玉堂丛语》中就记载这样的一件事：秦州曲吏曹鼎在追捕盗贼的时候发现了一个美女，目之心动。正巧那晚正值曹鼎当班，此女子多次用美色吸引曹鼎，让他心中非常不安，于是他将"曹鼎不可"四个字写在纸上，用于自戒。这四字被他写了烧，烧了写，就这样几十次，终于将自己骚动的心克制住了。因此，曹鼎这样自戒的精神是难能可贵的。

常言道："心不随念转，眼不被境迁。朗然现前，对境无心，逢缘不动。"这句话的意思就是要守住本心，心中不要有过多的起伏，只要这个人心中无境，那什么也不能干扰到自己。"百花丛里过，片叶不沾身"，百花丛里是"有情"，叶片不沾身是"觉悟"。

面对诱惑，君子可能堕落为小人，善良也可能变成邪恶。然而，很多事情都需要从两个方面看待，面对诱惑，关键就是在诱惑的情况下是否被异化，人的世界充满了诱惑，但是不能被诱惑所蒙蔽，否则，人的自主性便没有了。人的本心若是没有了，如何称之为人？由此观之，面对诱惑，即应该知道有所得必有所取。在诱惑面前，应该保持清醒的头脑，而不是被其迷惑。

 ## 从自己身上找原因,别从他人身上找别扭

或许有一天你环顾自己的生活,发现自己似乎一无所有,没有房子、车子、票子,没有体面的工作,甚至没有一个知心的爱人或者朋友,你开始抱怨,抱怨老天对你不公平,抱怨没有好的机会。可你从来没有想过,造成这一切的根本原因是什么?你从来没有想过,当别人都在努力的时候,你在做什么?当我们面临失败时,你会想:"哦!一定是我的对手走了后门,动用了关系,或者用了什么不可告人的手段!"当我们受到挫折时,你会想:"宁可要老虎一样的对手,也不要猪一样的朋友,瞧瞧我的同伴都干了些什么蠢事!"当我们没有得到更多的发展机会时,你会想"时不与我,天妒英才!"当我们心生恶念时,你会想:"如果当年我不是在这里,不是跟着这些人,不是从事这样的工作,那么……"可是,你从来没有想过:我的生活应该由谁来做主?是你的朋友、亲人、对手,还是敌人?而别人的成功,又靠的是什么?是关系、权力、金钱吗?

有个强盗经常打家劫舍,做了不少坏事,大家都想尽快除掉他,于是合谋设计了一个陷阱。果然,强盗掉进了大家设计好的陷阱里。一个好心的老禅师正好经过陷阱旁边,便将强盗救了下来。强盗对老禅师千恩万谢,并发誓一定要报复那些设置陷阱的人。

老禅师问强盗:"你为什么要报复那些人?"

## 在幸福的城市里,你幸福了没?

强盗生气地回答说:"那些人太坏了,竟然用陷阱来抓我,我一定要好好教训他们。"

老禅师接着问:"你知道他们为什么要抓捕你吗?"

强盗坦白说:"因为我抢了他们的东西。不过我当初也是个好人,是他们冤枉我偷了东西,并将我赶了出来,所以我才当了强盗报复他们。"

老禅师问:"所以你觉得自己成为强盗是别人逼迫你这么做的?"强盗点点头。

"我今天救了你一命,所以想请你帮我一个忙。"老禅师对强盗说,"我在一个山洞里遇见了一个十恶不赦的坏人,请你帮我除掉他。"强盗很爽快地答应了下来。他虽然没有杀过人,但老禅师救了他的命,他是一定要报答的,于是他就跟着老禅师来到了那个山洞。

强盗提着刀,壮着胆子就走了进去,可是不一会,他就连滚带爬地出来了。他上气不接下气地对老禅师描述,山洞里的人就像吃人的山怪一样,自己从来没有见过那样凶神恶煞的人。老禅师笑着说,你再进去看个清楚。强盗连连摇头,表示自己不敢进去。

老禅师于是领着强盗再次走进山洞,这次,强盗才看清楚,山洞里挂着一面大镜子,镜子里的那个凶神恶煞的人原来就是自己。老禅师笑着对强盗说:"这下你该明白了吧!你眼中所谓的凶神恶煞其实就是你自己,那就是你心中的恶念。你觉得是别人把你变成这个样子的,可是如果你心中没有恶念,那么你又如何会成为十恶不赦的强盗?"强盗一下子就觉悟过来,原来造成如今这种局面的恰恰是自己。此后,他决定放下屠刀,一心跟着老禅师修禅。

其实很多时候,我们就像这个强盗一样,将自己不得志的原因归罪于周围的环境,却从来没有想过,自己既然是一锭金子,为什么没有金子的光芒?而被你认为是石头的人,他们靠着自己不断的拼搏与努力,在经过了千层磨砺之后，却变成了闪闪发光的金子。每次面对挫折与困难，你不是迎难而上，而是转头开溜，到头来却怀疑那些战胜困难的人是耍了什么手段，殊不知他们的手段就是坚忍不拔的毅力与勇气！

如果你已经习惯了逃避与自保，那就请你不要在别人热烈庆功的时候，投去那不屑的一瞥；如果你已经习惯了只当一个默默无闻的小兵，那就请不要对那些想当将军的人冷嘲热讽；如果你已经习惯了对自己的工作敷衍塞责，那就请不要挖苦那些勤恳努力、敢担重责的人。他们用自己的辛勤和汗水浇灌着自己的梦想，他们的花园里开出了娇艳的鲜花，你的花园里永远只能种植无名的小草。

我们总是习惯性地推卸责任，出了问题就到处找元凶，就到处在别人身上挑刺，可是实际上真正的问题却在你自己身上。美国总统杜鲁门曾经在自己办公室的门口挂上这样一条标语："buckets stop here！"意思是问题到此为止，没有必要再传给其他人，没有必要再去追究别人的责任。生活是一个很奇怪的哲学命题：蜜蜂蜇伤了你，到底是蜜蜂尾刺的过错，还是你误入花丛的莽撞？你将蜜蜂记在心里，那么下一次将被蜇伤得更加严重，你将自己的过失放在心上，也许就可以避免二次伤害。

如果自己身上没有漏洞和缺点，如果自己没有出现什么疏忽，如果自己没有做出任何错误的决策，那么仅仅依靠外力，事情怎么会变得如此糟糕呢？究竟是谁动了你的奶酪？问题起于何处，又该终于何地？你最应该问的是自己的内心。人始终都要面对自己，既然问题从自己这里开始，那么也应该在自己这里终结。

在幸福的城市里，你幸福了没？

 **守职便是禅，做好你的本职**

　　圣严法师认为：把自己本分事做好，欢喜接受所面临的一切，过一分钟，即消一份灾。人生在世，难免会遇到一些麻烦事，难免要承担一些责任，因为我们既然享受到了做人的权力，也就应该尽一份做人的义务。

　　而所谓的本分，就是我们应该承担的责任和应尽的义务，做好了这两件事，其他的事情，我们能不做就不做。这句话乍听起来，似乎有点教人要满足于现状，不要再有建功立业的心，好像缺少了积极向上的色彩，有种和时代脱轨的感觉。其实细细品味，我们不难发现其中蕴含的玄机。

　　人的一生，在不同的阶段、不同的领域，有不同的责任，上学时，你的责任就是好好学习，用知识充实自己；工作时，你的责任就是要保质保量地完成自己的工作；作为孩子，你的责任是要懂事、听话，让父母少操心；作为父亲，你的责任是让孩子健康地成长，让他学会怎样做一个有责任感的人；作为老师，你的责任是要教给学生丰富的知识和优良的品格；作为工匠，你要保证自己所建的房屋地基牢固，风雨不倒……所以说，我们一生所要肩负的责任千千万万，各不相同，如果我们在每个阶段能尽好自己的责任，做好自己该做的事，那么，我们就是一个对自己的人生负责任的人，将不悔来世间走这一遭！

　　有个僧人云游四方，一路风尘仆仆，到了一个村庄的时候突然下起雨来，于是他敲响了一户人家的房门。开门的是个老者，僧人说明来意，老者便将他让进了屋。僧人走到屋内，发现屋里不像外面看着那样结实，已经在开始渗漏。僧人非常奇怪，于是问老者这是怎么回事。

老者叹一口气，慢慢地讲起了这个房子的故事。老者原本是个有名的木匠，做事细心周到，周围人有了活，第一个想到的绝对是他，而且他对每个徒弟的要求也非常严格，带出来的徒弟，后来个个成了木匠中的高手。可是慢慢地，他的身体越来越差，就想着退下来颐养天年，所以他便去向老板辞职。老板很舍不得他离开，可他执意要走，老板已没有办法。一天，老板对他说，只要他帮他修好最后一座房子，他就可以回家了。他答应了，第二天就开始动工。可是他的心里，再也没有了以前干活时的那种热情。为了尽快完成任务，他在施工过程中偷工减料，只用了一个月就完成了任务。房子完工那天，他将房子钥匙交给了老板。但是没想到，老板又将钥匙给了他。

"他对我说我是他见过的最好的木匠，所以这所房子送给我作为奖励，非要我收下，我当时就愣在那里了，"老者的声音有点哽咽，"这座房子，就是我当年老板送我的房子。没想到，我的名声竟然毁在了最后一次修的房子上了，而且还是给自己修的。"

听完老者的故事，僧人沉默了许久，最后说道："你没守住你的本职，更没守住你的良心啊！"

而我们很多人，又何尝不像老木匠一样，没有恪守好自己的本分，昧着良心做了事，结果，不仅坑害了自己，也伤害了别人。现实生活中有太多的诱惑，不断冲击我们的道德底线，冲击我们的信仰和原则，很多人，在不知不觉中就偏离了航线，所以，要恪守住本分并不容易，要一辈子恪守本分更不容易，守职便是禅。

在幸福的城市里，你幸福了没？

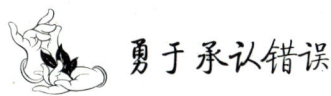

勇于承认错误

古语有云："人非圣贤，孰能无过，知错能改，善莫大焉。"做了错事，可以改正，但不可以不承认。自己做错的事情，更不可将责任推卸到别人身上，让别人替你背黑锅，这于人，是一种非常不道德的行为。

错误分两种：一种是自己的错误，一种是别人的错误。一般人，自己犯了错误，为了面子或者逃避承担责任，便拼命掩盖，掩盖不成就矢口抵赖，有错不认不改，所以总在同样的错误中一再摔跤；对别人的错误则揪着不放，无限上纲上线，恨不得置他人于死地。这种人，严于律人，宽于待己，是非不分，终至损人害己、自作自受的境地。

汉代公孙弘年轻时家庭非常贫穷，后来虽然贵为丞相，但生活依然十分俭朴，吃饭只有一个荤菜，睡觉只盖普通棉被。就因为这样，大臣汲黯向汉武帝参了一本，批评公孙弘位列三公，有相当可观的俸禄，却只盖普通棉被，实质上是使诈以沽名钓誉，目的是为了骗取俭朴清廉的美名。

汉武帝便问公孙弘："汲黯所说的都是事实吗？"公孙弘回答道："汲黯说得一点没错。满朝大臣中，他与我交情最好，也最了解我。今天他当着众人的面指责我，正是切中了我的要害。我位列三公而只盖棉被，生活水准和普通百姓一样，确实是故意装得清廉以沽名钓誉。如果不是汲黯忠心耿耿，陛下怎么会听到对我的这种批评呢？"汉武帝听了公孙弘的这一番话，反倒觉得他为人谦让，就更加尊重他了。

公孙弘面对汲黯的指责和汉武帝的询问，一句也不辩解，并全都承认，这种以退为进的策略，实在是一种大智慧。汲黯指责他"使诈以沽名钓誉"，无论他如何辩解，旁观者都已先入为主地认为他也许在继续"使诈"。公孙弘深知这个指责的分量，采取了十分高明的一招，不作任何辩解，承认自己沽名钓誉。而对指责自己的人，公孙弘大加赞扬，认为他是"忠心耿耿"。这样一来，便给皇帝及同僚们这样的印象：公孙弘确实是"宰相肚里能撑船"。既然众人有了这样的心态，那么公孙弘就用不着去辩解沽名钓誉了，因为这不是什么政治野心，对皇帝构不成威胁，对同僚构不成伤害，只是个人对清名的一种癖好，无伤大雅。

有些人喜欢在不怎么了解真相的情况下乱下结论，甚至有时候会有一些莫须有的罪名加到你头上。这时，如果你去辩解反而会让人觉得你心中有鬼，即便最后得到澄清也极可能给旁人一种不好的印象，更何况有时候你无意之中真的会犯一些错误。其实，你只要像公孙弘一样，以退为进，反而能为自己解困。

而如果你真的像别人说的那样，犯有这样那样的错误，那你就更不应该逃避，大大方方地承认自己的过错，并保证以后再也不会犯这样的错误，则更能赢得人们的尊敬与谅解。

一天，孔子带领着子路、子贡、颜渊等几个门生外出讲学。师生们来到海州，天空忽然电闪雷鸣，狂风暴雨大作。当地的一个老渔翁把他们领进一个山洞避雨。

这个山洞面对着大海，是老渔翁平常歇脚的地方。孔子觉得洞里有点闷热，便走到洞口，观看雨中的海景，看着看着，不觉诗兴大发，吟成一联：风吹海水千层浪，雨打沙滩万点坑。

在幸福的城市里，你幸福了没？

老渔翁听了忙道："先生，你说得不对呀！难道海浪整头整脑只有千层，沙坑不多不少正好万点？先生你数过吗？"

孔子觉得老渔翁的话有几分道理，便问道："既然不妥，怎样才合适呢？"

老渔翁不慌不忙地说，"咱生在水边，长在海上，时常唱些渔歌。歌也罢，诗也罢，虽说不必真鱼真虾，字字实在，可也得合情合理，句句传神。依我看，你那两句应当改成这样：'风吹海水层层浪，雨打沙滩点点坑。'浪层层，坑点点，数也数不清，这才合乎情理。"

子路在一旁火了，冲着老渔翁说："哎哎，圣人作诗，你怎能乱改！"

孔子喝道："子路！休得无礼！"

老渔翁拍着子路的肩膀说："圣人有圣人的见识，但也不见得样样都比别人高明。比方说，这鱼怎么打法，你们会吗？"一句话，把子路问了个哑口无言。

老渔翁瞧着子路的窘态，也不答话，飞身奔下山去，跳上渔船，撒开渔网，打起鱼来。

孔子看着老渔翁熟练的打鱼动作，想着他谈海水、改诗句、议"圣人"、责子路的情形，猛然间发觉自己犯了个大错误，于是把门生招拢在一起，严肃地说：为师以前对你们讲过'生而知之'，这句话错啦！大家要记住：知之为知之，不知为不知，是知也！"

说罢，顺口吟出小诗一首：登山望沧海，茅塞豁然开。圣贤若有错，即改莫徘徊！

就连博学的圣人也有犯错的时候，就更不用提我们这些凡夫俗子。圣人之所以被称为圣人，就是因为他们身上具有凡人所没有的优秀品质，如若凡人也能做到"凡人若有错，即改莫徘徊"，那就也可由凡人升为圣人了。

在幸福的城市里,你幸福了没?

# 第四章
# 计较是贫穷的开始,宽容是人生的良药

## 用一双苛求完美的眼睛，永远也找不到朋友

《大戴礼记·子张问入官》有云，"故水至清则无鱼，人至察则无徒"。意思是说水太清澈了，就没有鱼儿生存；人太精明了，就没有伙伴没有朋友。因为精明者往往容不得他人有小小的过错或性格上的小小差异，他过分要求与一己的同一或者要求所有人一举一动均符合或者满足一己的标准。但人生而不同，每个人的性格和待人处事的方式都有自己独特的烙印，除非是克隆体，否则永远无法达到每事的一致性，因此出现摩擦以至矛盾、冲突就是必然的结果，此时如果不能以一种宽容的精神调和于其间，事势就将无法收拾，结局便是人心不附、众叛亲离。

在这个世界上，不管是多么聪明的人，也不可能保证一辈子都不犯错，这世界上没有完人，也就没有永远都不犯错的人。同样的道理，你自己会犯错，怎么可以要求别人不犯错呢？你苛望自己身边的人完美无缺，首先你自己就要完美无缺，自己都没办法做到的事，又怎么可以苛求别人做到。

美国的乔布斯和沃兹是"苹果Ⅱ"微电脑的开发者，他们的一个重要的合作者是马克库拉。其实，最初光顾乔布斯和沃兹两位年轻人的并不是马克库拉，而是乔布斯的老板介绍来的一个名叫唐·瓦尔丁的人。

当唐·瓦尔丁来到乔布斯的家中，看见乔布斯穿着牛仔裤，散着鞋带，留着披肩长发，蓄着大胡子，不管怎样看都不像一位企业家，于是，唐·瓦

## 在幸福的城市里,你幸福了没?

尔丁就把这两位奇怪的年轻人介绍给了另一位风险投资家马克库拉先生。

马克库拉原来是英特尔公司的市场部经理,对微电脑十分精通。他并没有被乔布斯和沃兹的样子"吓坏",而是先考察了乔布斯和沃兹的"苹果Ⅱ"样机。最后,马克库拉问起了关于"苹果Ⅱ"电脑的商业计划,而乔布斯和沃兹只精通于技术,对商业却是一窍不通,所以二人面对马克库拉的提问,面面相觑,谁也不知道该怎么回答。但马克库拉并没有因此而失望,而是决定和这两个人合作,并出任董事长。

唐·瓦尔丁就是太苛求于乔布斯和沃兹的外表着装,从而失去了一个大的成功机会,而马克库拉却没有求全责备,而是以一个专业人士的独特眼光,看到了后面巨大的商机,从而一跃成功。

有人说:我们每个人都是被上帝咬了一口的苹果,带有各种各样的残缺,都有这样那样不如意的地方。确实如此,你必须让自己接受这个事实。如果你过于追求完美,对人求全责备,那一定严重影响你的人际关系,就会没有一个人敢跟你交朋友,你也将因此错过成功和幸福的机会。

有一段时间大家都热衷于出国,希望在国外挣到更多的钱。有一个妇女在朋友的帮助下来到了美国,她梦想着在这里赚到很多钱,让自己的两个孩子过上好日子。

来到美国后,妇女一直很努力地找工作,但她一没有高学历,也没有一技之长,所以始终无法找到合适的工作。无奈之下她在市场上租了一个很小的摊位,开始卖水果。她依靠独特的经营方式,很快就吸引了大批的顾客,生意非常火。但同时也引起了其他商贩的嫉妒,他们经常会将垃圾倒在她摊位口。这个妇人并没有因此而谩骂、抱怨,反而将垃圾清扫到自家摊位的角落。旁边的一位韩国妇人实在看不下去了,终于忍不住问道:"大家都将垃圾倒在你这里,你怎么不生气呢?"

中国妇人笑道："在我们国家，在将近年关的时候都会将垃圾往家里扫，祈求来年的平安。现在大家的做法就是给我送来祝福，我怎么会拒绝呢？广结善缘，就是不要对任何人进行伤害，倘若我因为别人倒垃圾而争吵，自然会影响日后的往来。所以，我不会将这件事放在心上。"

这位妇女的确非常聪明，她用自己的包容心为自己成功地避免了一些无谓的争端，也为自己迎来了更多的朋友。一个人的心若能包容另一个与自己不同的心，就能拥有真心的朋友；若能包容一个家庭，就能成为一家之主；若能包容一个城市，就能成为一市之长；若能包容一个国家，就能成为一国领袖。在现实世界中，几乎每个成功人士都有容人的雅量，从而交到各个层面的朋友。当他遇到麻烦时，到处都有人主动帮忙，从来不会陷入孤立无援的境地。

这就告诉我们——朋友的缺点，你要宽容；伴侣的缺陷，你要容忍；同事工作能力低下，你要有一颗激励之心。要知道，世间并无绝对的真理，没什么东西一定就是对，或者一定就是错。所谓的对错，只不过因为立场不同、角度不同，得出的观点也就有所区别罢了。我们眼中看到的缺点或不可理解的事情，站在对方的立场看，很可能就是理所当然的。朋友对你说了谎，应先思量他是不是有什么为难之处？或许就能体谅他了。若是不加思考就把丑话说出口，朋友想必是做不成了。对你，对他，都没好处。

在幸福的城市里，你幸福了没？

 **世上有一种永远吃亏的事，那就是发脾气**

当别人惹怒我们时，我们会条件反射式地表达自己的愤怒，甚至骂人、打架，这是人的本能反应，因为我们害怕受到伤害，不想在别人面前吃亏，可是一旦我们生气或者愤怒，往往会发现自己吃的亏反而更大。

美国生理学家爱尔马曾做过一个非常有趣的实验：他把一支玻璃管插在冰水混合液中，然后收集人在不同情绪下呼出的气体，结果发现人在生气时呼出的气体成分非常复杂，而且有致命的可能。他将这些"生气水"注射到小白鼠身上，几分钟后小白鼠就死了。经过一系列的实验，爱尔马得出了结论：生气时，人体会分泌出很多有毒的物质，这些物质对身体会造成很大的伤害。

美国一位医学专家则做过一项调查，在对一万五千名胃病患者的病历记录进行研究后，他发现其中的一万二千人之所以患上胃病是因为经常生气的缘故。而在中医中，也有怒伤肝的说法。由此可见，生气确实是"拿别人的错误来惩罚自己"，是天下最得不偿失的一件事。

而别人之所以会惹你生气，一般有两个原因，一是你在乎，所以你才会生气；二是别人故意激怒你，从而达到某种目的。如果你在乎那个人，那么就更应该珍惜对方，给对方解释、澄清的时间，因为一旦怒火相向，就会给双方造成不可弥补的裂痕，即使破镜可重圆，可那道裂痕却会时时提醒你伤害的存在，让你再也无法像以前那样坦然、安心。而碰见第二种原因，你就更应该保持冷静，与对方斗智斗勇，否则正好中了对方的圈套，对方偷着乐，你却要承受由此带来的巨大损失。

有个人的脾气非常暴躁，只要谁惹到他，他就会像火山爆发，一发不可收。他也意识到自己身上的缺点，便向道引和尚求教，希望能够得到化解戾气的法门。道引和尚知道他有心悔过，就同意让他跟着自己修行一段时间。

一段时间之后，这个人就开始觉得修行非常枯燥，道引和尚只是让他跟着打坐，根本就没有教他什么化解戾气的法门。他坐不住了，去找道引和尚质问。道引和尚却似乎没有听见他的话，坐着一动不动，专心打禅。那个人老毛病又犯了，这下他的脾气又发作了，冲着道引和尚破口大骂起来。道引和尚什么也没说，心平气和地取来纸笔，在纸上写起字来。

这个人感到非常奇怪，于是就问道："我这样冲你发火，这样辱骂你，难道你不生气吗？怎么还有闲心在这里写字？"道引和尚微微一笑："我当然也会生气，不过在生气之前，我会将自己心里的想法全部写在纸上，过一段时间之后，我再拿出来看看，反省一下自己。"这个人一听，这倒是个好办法，于是也拿来纸笔，写起来。

第二天，这个人一大早就起来了，看着寺庙外如画的风景，心情一下子舒畅了许多。这时他记起了昨天写的字，拿出来一看，不禁吓了一大跳，纸上面分明写着这样一行字：我真的想要一把火烧了这座破庙，真的想要给老和尚一点颜色看看。看到这行字，他才明白自己生气时的危害到底有多大，他下定决心，以后一定要注意控制自己的情绪，不再轻易动怒了。

生活就是这样，总会发生一些意外和冲突，打破你原本平静的心情，这时候，是控制自己的情绪，让自己先冷静下来，然后再想办法处理事情，还是不管三七二十，先把自己的怒火释放出来再说，不同的处理方式，会

在幸福的城市里，你幸福了没？

带来不同的结果。打破一面镜子容易，但想把它恢复原来的样子，却是一个巨大的工程。

人都是感情动物，没有人可以完全控制自己的情绪，性格再好的人，也会有怒发冲冠的时候。这时候，我们能做的就是将伤害减到最小，可以将自己一个人关在房间里，房间里的被子、枕头都可以成为你发泄的工具，不过记得发泄完后，将这些东西收拾整齐。而当遇见别人发脾气的时候，在劝解无效的情况下，你可以选择暂时离开，等那个人发泄完毕，你再进行规劝或者是解释，千万不可在别人生气时火上浇油。

佛陀曾经化作凡人故意惹怒两个比丘，可是两个人都不生气，佛陀非常奇怪，就想要问个清楚。其中一个笑着说："惹怒我的人只有自己，别人还不够资格呢！"另一个则回答说："你在开玩笑吗，我的生活如此忙碌，哪来的时间跟你生气？"佛陀非常高兴，于是度化二人成佛。人生在世，试问孰能无过，只要别人没有真正对你的生活造成大的困扰，那么我们不妨淡而化之，一个祥和的笑容，一个漠然的眼神，一切矛盾就都会烟消云散。

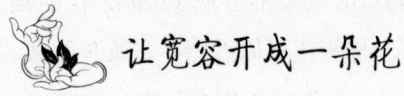

## 让宽容开成一朵花

莎士比亚名剧《威尼斯商人》中有一句经典台词：宽容就像天上的细雨滋润着大地。它赐福于宽容的人，也赐福于被宽容的人。

"当你伸出两只手指去谴责别人时，余下的三个手指恰恰是对着自己。"美国的父亲会用这句话教育他们的孩子。很多时候，我们总是对自己很宽容，自己犯了错，我们会千方百计为自己找借口开脱：迟到了，我们会说昨晚工作太晚；工作没做好，我们会说时间太紧、人手不够；闯了红灯，我们会说自己正赶时间；损坏了别人的东西，我们会说不是故意的……我们总是有千万种理由为自己开脱，却有千万种理由揪着别人的小失误不放：他上次也是这么对我的，谁让他在背后说我的坏话，谁让他升职比我快，等等。我们的不宽容中，隐含了嘲笑、怨恨、嫉妒、报复。日子就这样一天天过去，由于对别人的抱怨，我们的周围再也看不到真诚的笑脸。我们又开始埋怨生活如此冷漠乏味且沉重不堪。然而这一切怨谁？倘若我们能用一颗宽容的心去看待周围的人和事物，我们就不会如此沉沦失望了。

宽容别人等于善待自己，宽容别人的缺点，缺点是每个人都有的；宽容别人无心的过失，那常常是谁也不能去主宰的。宽容会使你学会如何去欣赏别人，也让别人学会如何来欣赏你。学会宽容就不要对自己的缺点错误宽容，只有不断发现并改正它们，你才能不断丰富自己的思想境界，让别人更加欣赏你。

在幸福的城市里，你幸福了没？

宽容并不是包庇、姑息，而是正视缺点、错误，正确的合理的去帮助别人共同去克服和改正缺点，不是对别人的过失、缺点横眉冷眼地指责。宽容并不等于懦弱，我们是用爱心净化世界，而绝不是含着眼泪退避三舍。宽容是天平一端的砝码，不停地维持着被打破的平衡，是人世间永恒的爱和被爱。互相宽容的朋友一定百年同舟，互相宽容的婚姻一定长长久久，互相宽容的世界一定和平美丽。我们来到这个世界只有两大重要使命：一是丰富这个世界，二是完善这个世界。用宽容作武器，可以化解世界上的一切矛盾。

18世纪的法国科学家普鲁斯特和贝索勒是一对论敌，他们对定比定律的争论长达9年之久，各执一词，谁也不让谁。

最后的结果，是以普鲁斯特胜利而告终，普鲁斯特成为了定比这一科学定律的发明者。

普鲁斯特并未因此而得意忘形，据天功为己有。他真诚地对曾激烈反对过他的论敌贝索勒说："要不是你一次次地设置难题，我是很难深入地研究这个定比定律的。"

同时，他特别向公众宣告，发现定比定律，贝索勒有一半的功劳。

宽容是对别人的尊重，心中坦荡，才能大公无私。在佛陀心中，宽容就是一种广大之爱，这种爱不是与生俱来的，它需要我们学习知识不断提升自己而来。宽容是处世哲学的一种胸怀。普通人觉得宽容就如同在退缩，其实宽容是心灵美好的一种外延。人与人之间若是彼此相互宽容，人与人之间自然也就没有隔阂，人们在工作上可能会更加地努力，更有效率。那些知道宽容之道的人知道应该如何处事对人，所以，他们与人合作起来更加地融洽，更容易与别人达成一致。佛陀为我们做好了宽容的表率，但我们无法与佛祖相比，但是若可以将内心中的宽容唤醒，学会与人分享，那自然会得到快乐。

佛陀有很多兄弟,他与这些兄弟之间的关系也非常融洽,但是提婆达多却一直与佛陀的关系比较紧张。有一天,提婆达多突然得了一种奇怪的病,很多医生对此都是束手无策。

佛陀知道了这件事,立即前去探望提婆达多。

佛陀坐在提婆达多病床前,说:"我如果对我堂哥提婆达多的爱像亲生儿子一样,我堂兄弟的病,就应该立刻好起来。"说来奇怪,没过几天,提婆达多的病就自动痊愈了。

一位弟子问佛陀:"他与您向来不睦,您为何要帮助他?他曾经多次对您进行伤害,甚至想置您于死地啊!"

佛陀说:"对于一部分宽容,却不能宽容所有的人,这不合乎道理,这与道义也不相符。众生平等,每个人都希望自己过得快乐,没有人希望自己不快乐或是痛苦。所以,我们宽容的不仅仅是那一部分人,真正的宽容是不管这个人是否对你进行过伤害,我们对任何人都应该有慈悲之心。记住,在佛的心中,众生皆平等。"

宽容是温暖明亮的阳光,可以融化人内心的冰点,让这个世界充满浓浓暖意。

宽容是甘甜柔软的春雨,可以滋润人内心的焦渴,给这个世界带来勃勃生机。

宽容是人性美丽的花朵,可以慰藉人内心的不平,给这个世界带来幸福希望。

一个不会宽容、只知苛求的人,心理往往处于紧张状态,导致神经兴奋、血管收缩、血压升高,使心理、生理进入恶性循环。心中装着仇恨,人生是痛苦的、不幸的,只有放下仇恨选择宽容,纠缠在心中的死结才会豁然

在幸福的城市里，你幸福了没？

脱开，心中才会安详、纯净。忘掉仇恨，远离仇恨，用一颗宽容的心去宽容一切，拥抱一切，和谐共存是永恒的主题，相信爱能征服一切。

 ## 那个对你最不满的人就是师父

康熙皇帝曾经说过自己这一生最应该感谢这几个人：犯上作乱的鳌拜、拥兵造反的吴三桂、分裂国家的郑经、骚扰边境的噶尔丹、谋权夺利的索额图和明珠。正是这些强敌的存在，才造就了这位"千古一帝"。这是一份大肚能容的气量，更是智慧人生的感悟，因为他明白最大的成长礼物往往是自己的对手带来的。

我们应该感谢那些可敬的对手，没有他们的存在，没有他们的挑战，也许你不会在不断地伤害中进步，不会在不断的屈辱和失败中修炼自己、强大自己。谁对你最有成见，谁伤害你最深，谁一直是你最大的威胁和挑战，那么谁就很可能是引导你成功的诱因。我们在感叹磨难的时候，也要感谢困难磨砺了你的心性；我们在抱怨别人处处攻击自己的时候，也要感恩对手迫使你变得更加强大。支持你的人在背后默默鼓励你，而对付你的人却在谩骂中不断让你强大。

有位将军说："当你面对强大的对手时，所能得到的可不仅仅是一时的失败这么简单，要么是一蹶不振，要么是从此奋起。"据说在亚马逊丛林中存在一对奇特的生物，青蛙和蝙蝠，青蛙是蝙蝠的美餐，蝙蝠经常用超声波来定位青蛙，而为了躲避蝙蝠的追杀，青蛙被迫进化出了吸收超声波的功能。此时蝙蝠将超声波进化得更加完美，而青蛙背部的吸收功能也越来越强。青蛙每晚都会叫，于是那些蝙蝠进化出了微弱的听力，此后，

## 在幸福的城市里，你幸福了没？

青蛙只好减弱自己的声音，降低声音的分贝。双方一来一往，结果都进化出了令人惊叹的能力。表面上看，它们是对手，是天敌，但实际上它们一直在相互促进、相互激励。

元慧大师同弟子一起出去化缘，结果碰到一户不讲理的人家，主人不仅没有施舍一顿饭，而且还出言讥讽，将师徒二人好好奚落了一番，尤其是元慧大师，更是被对方辱骂。弟子听不下去了，想要反驳，可是被元慧大师劝住了，不仅如此，大师还对主人家毕恭毕敬，连连称谢。可是主人家并没有就此施舍什么饭菜，反而觉得这位老和尚是个神经病，直接关上了大门。

离开后，弟子非常生气，一路上都在发牢骚，觉得世界上竟然会有如此蛮不讲理的恶人。他们一路修行，途中遇到各种各样的人，对方基本上都是客客气气的，可是像这般无礼的人实在很罕见。重要的是他对师父的态度非常不理解，难道出家人就可以任由别人侮辱和谩骂吗？可是元慧大师根本就默不作声，而且脸上还始终微微笑着。

弟子心头的怒气一直未消，何况师父是得道高僧，如今受到这般奚落和侮辱，别说师父自己不开心，就连他这个徒弟也觉得很生气。所以他直接拦下元慧大师，问师父刚才为什么任由别人辱骂，而且还如此恭恭敬敬。元慧大师看了弟子一眼后说道："我为什么要生气呢，因为化缘不成功吗？我们既然与那位施主无缘，那么何必强求呢，我们可以去找个有缘人那里化缘。如果是因为对方辱骂了自己而生气，那就更没有那个必要了，相反地我还要谢谢他为我指出了一个缺点。"

这个世界就是如此，是非好坏并不是绝对的，关键在于你用什么眼光去看，关键在于你站在什么角度和立场去看。你觉得别人对你不满是坏事，但是反过来说别人的不满很可能就是你完善自己的动力，别人的辱骂丰富和完善了你的生活，别人的打击磨砺了你的心性。很多时候，也许我们就应该这样告诫自己：让他鞭策我吧，因为我会因此得到进步；让他打压我吧，因为我会因此变得更加强大；让他羞辱我吧，因为我会在羞辱中奋进；让他诱惑我吧，因为我会修行定力；让他诽谤我吧，因为我会因此完善自己的人格；让他蔑视我吧，因为我会寻回自尊；让他抛弃我吧，因为我会因此得到独立；让他阻挠我吧，因为我会踩踏着他走向成功。

有时候，别人带来的伤害远远要小于他带来的帮助，正因为如此，我们要更加宽容地对待自己的对手，自己的敌人，要用更加客观更加理性的眼光去分析看待他们，要用一颗感恩的心来面对他们。也许你们之间的立场不同，也许你们之间的矛盾很深，也许你们之间水火不容，可是正因为有对手的存在，你才能够不断发展，正因为有他们的咄咄逼人，才有你的自我完善。并不是只有身边的人才会愿意为你的成功铺路，其实你所击倒的那些对手，那些被你踩在自己脚下的敌人，他们才真正称得上是你人生的导师，才称得上是你成功的垫脚石。

以一种淡然心来看，人生多几个对手，这样并没有什么不好，如果你想要成为一头有生命力的羊，也许应该为自己找一匹合适的狼，只有与狼共舞，你的命运才会更加精彩。人生就该有这样的壮志豪情，面对那些难缠的对手，面对虎视眈眈的敌人，我们有理由高喊一声：让暴风雨来得更猛烈些吧！

在幸福的城市里，你幸福了没？

 **放下怨恨，爱的力量更值得品味**

"当生活欺骗你时，你会怎么做？"这是英国一家心理学机构曾经进行过的一个心理测试。测试的结果很值得人深思：70%的人选择了生气和报复；25%的人选择了不知道怎么办；只有5%的人选择了宽容。

人的一生，总会经历那么几件"被生活欺骗"的事，例如被最好的朋友欺骗，被最信任的人出卖，被最爱的人抛弃，等等。这时候，修养再好的人，也会生出几分怨恨。聪明的人，会让这份怨恨慢慢消于无痕中，最终淡淡一笑；愚蠢的人，则会让这种怨恨无限放大，最终不能自拔。

她本是一位特别漂亮的女子，她的歌声宛转悠扬，就像天空飞翔的百灵鸟，让人听了忘俗。这样的女子，本应得到上天的眷顾，可上天可能为了考验她，她最爱的男友抛弃了她，投入了另一个多金女子的怀抱。她心里的怨恨瞬间爆发了。她用世上最恶毒的语言诅咒离去的男友和他的新欢，她要让他们比她更痛苦。

每天生活在怨恨中的她，声音再也不像百灵鸟那样动听，而变成了嘶哑难听的"呀，呀"声，而她原本漂亮的容貌，也变得丑恶狰狞。看到镜子中的自己，她猛地呆住了。

她去找世上最好的美容师，请求他能帮自己恢复以前的容貌，可美容师告诉她："貌由心生，你现在的心里充满了怨恨，就算我帮你恢复以

##  用感恩的心去面对他人

人的一生中，从成为一个生命开始，就在领受别人的恩情，父母的养育之恩，老师的教育之恩，朋友的帮助之恩，等等。受恩，说明一个人与他人、与社会有着正常的生活关系；感恩，则是在受恩之后产生的一种责任感。

"感恩"是一个人与生俱来的本性，是一个人不可磨灭的良知，也是一个人健康性格的表现，一个人连感恩都不知晓的人必定拥有一颗冷酷绝情的心。在日常生活、工作、学习中所遇之事所遇之人给予的点点滴滴的关心与帮助，都值得我们用心去记恩，铭记那无私的人性之美和不图回报的惠助之恩。感恩不仅仅是为了报恩，因为有些恩泽是我们无法回报的，有些恩情更不是等量回报就能一笔还清的，唯有用纯真的心灵去感动去铭刻去永记，才能真正对得起给你恩惠的人。

佛祖和众弟子东去讲佛的路上，遇见了一个无赖，无赖见佛祖法相庄严，器宇轩昂，认定应该出自大富大贵之家。于是就上前进行恐吓和勒索，想从佛祖那里捞点钱财。众弟子见无赖如此无礼，非常气愤，纷纷上前指责无赖："你知道眼前的人是谁吗？怎么能如此无理，赶紧走吧。"

无赖根本不知道面前的人是谁，也不想知道他是谁，已经好几天没去赌坊了，手痒得厉害，好不容易逮着一个看着有钱的，哪能这么轻易就

## 在幸福的城市里，你幸福了没？

放走。他用手拽着佛祖的袖子，一会儿说佛祖惊扰了他的好梦，一会儿说佛祖踩死了他家的蚂蚁，不赔钱绝不放他走。众弟子见无赖对佛祖动手动脚，纷纷涌上前来，要把无赖拉开。可佛祖却拦住了众人，他取下脖子上戴的佛珠，对无赖说："我身上没有什么值钱的财物，只有这串佛珠，或许对你有点用。"无赖见这佛珠色泽匀净，温润细腻，一定是个值钱的宝贝，于是欣喜地接过来，晃晃悠悠地离开了。

众弟子见佛祖不仅不生气，还笑呵呵地将佛珠送给无赖，非常不解："您为何要把佛珠送给这样一个无赖呢？"佛祖笑着回答说："我在三世之前，曾经受过他的恩惠，他那时是个渔夫，在打鱼的时候救了我的命。"众弟子听后，方觉自己的鲁莽。

你看出了一条狗的寒冷，给它垫上了温暖的棉絮，它躺在棉絮里以后会久久地看着你，它不能说话，只能用这种方式表达它的感激。你看到一只鸟受伤了，将它从猫嘴里夺下来，用药水治疗它的伤口，给它食物，然后将它放飞林中。它飞到树梢上也会回头来看你。它同样不能说话，只能用这种方式铭记你的救助。低智能动物尚且会感激别人的救助，人类难道不也应该有颗感恩的心吗？狗和鸟会长久地凝视你离开表达感激之情，可是这一刻很快就会过去，他们可能很快忘却你。但有了这一刻，世界就不再是原来的世界，感激的目光消失了，但感激之情弥散在天地间，世界也就因此有了温暖，有了亲切。

有位哲学家说过，世界上最大的悲剧或不幸，就是一个人大言不惭地说没有人给我任何东西。面对困难与危险，我们更多的是怨恨，怨恨社会的残酷，怨恨人情的冷漠，其实这个时候，我们更应该感恩，因为如果没有困难与危险的磨炼，你怎会知道自己的潜力有多大，怎会知道自己的毅力有多坚强。

曾有一个佛陀，乘船渡江，不想风大浪高，把船打翻了。佛陀像一片树叶般地在江中沉浮了许久，才筋疲力尽爬上岸来。到了岸上的第一件事，他不是责骂船家的无能让他丢失随身携带的一切，也不是诅咒恶风险浪差点要了他的命，而是跪在沙滩上遥拜师父："谢谢师父！"有人不解地问："你为什么不谢谢菩萨？"佛陀说："原来我并不喜欢游泳的，都是师父每次强把我拉入水中，教我学会的。不是师父，我命今日休矣！"

遇了难，不是责备任何一个人，而是心存感激，人生达到了如此的超然境界，遇事如此的豁然通达，在这个世界上，还有什么事情能让你痛苦和愤恨的呢？

生活就像一面镜子，你对它微笑时，它就对你微笑；你对它哭丧着脸，它也会阴阴沉沉地面对你。我们不要抱怨自己失去了什么，不要抱怨社会剥夺了你什么，不要抱怨别人伤害了你什么，你无法去宽容别人，无法去宽容这个世界，那么痛苦的只能是自己。宽容生活对你的伤害，原谅这世界的一切过失，当你学会用感恩的心去面对生活，你才会忘却生活的伤害，才会忘却冲突仇恨，才会忘却世界的阴暗和痛苦。

"假如生活欺骗了你，不要心焦，也不要烦恼！忧郁的日子里要心平气和。相信吧，那快乐的日子就会来到。"

在幸福的城市里，你幸福了没？

 诚心无私是真功德，做人少一些自利心

有一个人在沙漠行走了两天。途中遇到暴风沙。一阵狂沙吹过之后，他已认不得正确的方向。正当快撑不住时，突然，他发现了一幢废弃的小屋。他拖着疲惫的身子走进了屋内。这是一间不通风的小屋子，里面堆了一些枯朽的木材。他几近绝望地走到屋角，却意外地发现了一座抽水机。

他兴奋地上前汲水，却任凭他怎么抽水，也抽不出半滴来。他颓然坐地，却看见抽水机旁，有一个用软木塞，堵住瓶口的小瓶子，瓶上贴了一张泛黄的纸条，纸条上写着：你必须用水灌入抽水机才能引水！不要忘了，在你离开前，请再将水装满！他拔开瓶塞，发现瓶子里，果然装满了水！

他的内心，此时开始交战着——

如果自私点，只要将瓶子里的水喝掉，他就不会渴死，就能活着走出这间屋子！

如果照纸条做，把瓶子里唯一的水，倒入抽水机内，万一水一去不回，他就会渴死在这地方了——到底要不要冒险？

最后，他决定把瓶子里唯一的水，全部灌入看起来破旧不堪的抽水机里，以颤抖的手汲水，水真的大量涌了出来！

他将水喝足后，把瓶子装满水，用软木塞封好，然后在原来那张纸条后面，再加上他自己的话：相信我，真的有用。在取得之前，要先学会付出。

## 无谦卑则无佛,懂得弯腰的人最具佛性

有人曾问古希腊先哲苏格拉底:"听说您是天底下最有学问的人,那么请您告诉我这天地之间的高度是多少?"苏格拉底想了想,坦然地回复道:"三尺。"这个人听了感到疑惑:"世界上的人除了婴儿,差不多都有五六尺,那不把苍穹都戳破了?"苏格拉底回答到:"是啊!凡是超过三尺的人,如果想要立足天地之间,就要懂得把头低下来。"

面对比自己强大的人,我们迫于气势,或许会谦卑恭敬,但面对比自己弱小的,我们是否也能做到谦卑恭敬呢?我相信很多人都不敢大声地说"是"。虽然我们自小接受的教育是人生而平等,但我们的潜意识中还是会悄悄地给身边的人分等级,我们永远不可能用对老板的谦恭态度来对待清洁阿姨,这是人的本性。但是,我们见了清洁阿姨会热情地跟她打招呼,感谢她为大家营造了干净的工作环境,这,其实是另一种形式的谦卑——尊重,尊重别人也是一种谦卑。

谦卑是一种修养,谦卑者,与贵人相交,谦恭有礼,不卑不亢,与凡夫相处,亦恭敬有加,融洽祥和。谦卑还是一种心境,无得失心,无是非心,无分别心,淡然看待生活的一切。谦卑更是一种智慧,是一种心灵的救赎,于人无害,于己有益。谦卑的人容易接受生活,也更容易被生活接受。

人生若是修行,那么谦卑就是佛性。有人跟着佛陀修行,不知道为什么出家人见了人要低头弯腰,双手合十,口称阿弥陀佛。佛陀回答说:"因

在幸福的城市里，你幸福了没？

为佛在脚下，你需要弯腰才能寻见；因为佛悬于头顶的高空，它明照你的身影，你需要弯腰来向影中寻；因为佛长存诚心之中，诚心者往往谦卑，需要弯腰谦恭受戒。"意思是说谦卑的人才真正懂得如何修佛，才懂得如何成佛。

　　法相禅师是一位佛学高深的大师，很多人都对他敬重有加。他喜欢四处云游，而每到一处，地方上无论达官贵人还是寺庙佛堂都盛情地邀请他前去讲佛。有一次，法相禅师云游来到福建某地，听闻附近一家很有名气的寺院正在准备一场佛法研习交流大会，法相禅师觉得这是一个难得的交流和学习佛法的机会，可以增长自己的见识，于是欣然前往。法相禅师按时来到寺院，他没有坐在台上去讲佛经，而是和普通的教众一起坐在台下听讲，他入迷地听着台上的争辩和讲演，连连点头，一直安安静静地坐到散场，仍然是意犹未尽。这时候旁边有个僧人认出了法相禅师，非常惊讶，他没有想到自己可以坐在禅师的身边，况且以禅师这样高深的佛学修为，竟然也在台下听讲，他实在不敢相信自己的眼睛。

　　僧人满腹疑惑地问道："大师，恕我直言，您的佛学造诣远在众人之上，今日为何与我们坐在一起听佛法，您应该上台为我们所有人讲授真正的佛法才是。有您这样的高僧在此，相信大家都会得到许多教益的。"法相禅师听后却摇摇头："佛在谦卑之人心中，无论台上台下都是一样的，而且我今日的确受益匪浅。"

　　禅师接着解释说："我在台下听讲，台上讲的未必是佛，但我心中听的却是实实在在的佛；我在台上讲演宣扬时，即便听的是佛，而我说的未必是佛，宣扬的不过是自己而已。"僧人听后，更加佩服法相禅师的智慧和修为。

　　有些人稍有能力，就到处夸夸其谈；稍有作为，就到处炫耀宣扬；稍些比自己富有、职位比自己高、权力比自己大的人满脸堆笑恭恭敬敬，而对那些所谓的"穷人"，没有什么背景、权力的人则是冷言冷语、趾高气昂。所以公交车上，明明有那么多空座位，"农民工"却依然站着也就不足为奇了，是这些所谓的"文明人""高等人"用自己的眼神扼杀了他们的尊严。

懂得尊重他人，是一种为人的高尚品质。每个人所从事的职业只有分工的不同，没有高低贵贱之别。从这个意义上说，我们没有理由也没有资格用不屑一顾的态度去轻视他人、嘲笑他人。真正的尊重，应是一种对他人不卑不亢、不仰不俯的平等对待，同时也是一种对他人人格与价值的充分肯定。一个真正懂得尊重他人的人，必然会以平等的心态、平常的心情去面对所有人，不论他是幸运抑或不幸运、成功还是不成功。

一个企业家曾经这样说：我从来不记得对谁命令过什么，我总是用建议的语气提醒对方，从没说过"做"或"不做"，也没说过"要"或"不要"，无论对商业对手还是下级，我说的最多的是"你可以考虑一下……""你认为……"之类的话。在看助手写的文件时，我总是这样说："这句话这样写，你觉得会不会好一点呢？"口述文件时，秘书在旁边做记录，我就经常会问："你觉得这样说怎么样？"我总是让助手们觉得，自己很受信任，可以放手按自己的意愿做事。我从来不批评自己的助手们，也不干涉他们，即使他们偶尔也有过错，也会让他们自己吸取教训并自己改进。这样做的结果是，别人轻松地就改掉了自己的错误，而且心灵没有受到伤害。因此，在与他共事的过程中，助手们感觉到自己是很重要的，都乐意与他合作，大家都从心里面接受他。

有位商人看到一个衣衫褴褛的铅笔推销员，顿生怜悯之情，不假思索地将10元钱塞到推销员手中，而后扭头走了。没走几步，他突然觉得这样做不妥，于是连忙返回，抱歉地解释说自己忘了取笔，希望对方不要介意，还郑重其事地对推销员说："您和我一样，都是商人。"一年之后，

在幸福的城市里，你幸福了没？

在一次商务活动中，一位西装革履、风度翩翩的推销商迎上这位商人，不无感激地自我介绍道："您可能早已忘记我了，而我也不知道您的名字，但我永远不会忘记您，您就是那位重新给了我自尊和自信的人。我一直觉得自己是一个推销铅笔的乞丐，直到您亲切地对我说，我和您一样是商人为止。"

怜悯不是尊重，因为怜悯不是将自己和别人的人格放在平等的位置，而是以一种高高在上的姿态来对别人的一种施舍，这种怜悯虽然也从某种程度上帮助了他人，但实际上是对别人尊严的一种伤害。

尊重是从心底释放的对别人的人格、劳动、成绩的一种肯定，当一个人将自己和别人放在同样一个高度，这才是真正的尊重。

禅境10课：唤醒你的幸福

 **得意时善待他人，你失意时会需要他们**

在很多电视剧中，我们都会看到这样的剧情，一个人风光无限的时候，救了另一个人，在他落难的时候，曾经被救的那个人就会来报恩。这样的剧情虽然看起来有点老套，但它们传递给人们的信息都是一样的："人生得意的时候需要善待他人，因为你失意的时候需要他们。"

当一个人春风得意、高高在上的时候，周围更多的是奉承、拍马屁的人，将你高高地捧在天上，让你觉得自己似乎无所不能。而当一个人在最高处时，最容易对别人不屑一顾，颐指气使，因为在这个时候，世界在你眼中都是渺小的，更何况俯身在你身边的人。殊不知这个时候，其实是你最危险的时候，因为人最容易在胜利时放松警惕，往往站得越高，摔得越痛。

西方有句谚语说："在你向上爬的时候，要对别人好一点，因为当你掉下来的时候还会遇见他们。"或许你们一起打拼的时候，你是为别人付出最多的那个，但是当你站在山巅的时候，只有你一个人俯瞰大地。这个时候的你，恐怕早已忘了一起打拼时的兄弟情义，更多的是"一山不容二虎"的权力欲，古代的开国皇帝大开杀戒清除开国功臣就是一个很好的例子。这时候你心里想的是如何巩固自己的实力，恐怕从没想过假如有一天当你从这个高位上摔下来的时候，还会不会有一群兄弟像以前一样和你肝胆相照，共同进退。你已经用冷漠无情为自己挖了一条不可跨越的鸿沟。

在幸福的城市里，你幸福了没？

当你飞倦了，飞累了，飞不动了，试问"何枝可依"？佛家有禅语："一片白云横谷口，几多归鸟尽迷巢。"当我们身处高位，当我们目空一切时，往往会犯下迷巢的错误，不知道自己的根在何处，不知道自己的依存在何处，不知道自己究竟为何人，不知道自己是否需要朋友。而当我们迷途不知返的时候，谁会愿意为你指点迷津，谁又会愿意借你一处安身之地？

有个人在朝廷当了大官，于是不再理会原先的邻居朋友，甚至刻意逃避他们，因为他觉得自己如今身份高贵，不再适合跟那些平民交往。一些以前的朋友来拜访他，他总是找各种理由推脱，或者干脆避而不见，久而久之，大家都不再来找他，一些人甚至直接和他绝交。可是这里面的一些人是和他从小就在一起玩的伙伴，这样对待他们，大官心里也不是滋味，心情很是烦闷。

一天，大官决定去附近的寺庙中拜拜佛散散心，驱散心中的郁闷和不快。他一个人朝着山上的寺庙走去，他的旁边，全是些结伴而行的人，他们的笑声一声一声地刺激着大官的心，让大官的心里更加烦闷。这时，一位老禅师经过大官的身边，看他愁眉不展，便上前询问，大官于是将自己心中的苦闷倾诉了出来，希望禅师可以帮他化解烦闷、指点迷津。

两个人交谈着来到河边，河边一株桃花开得正艳，一阵风吹来，将树上的桃花吹落水中。老禅师指着水中的桃花问："施主，你知道为什么这桃花只能落在水中吗？"大官摇摇头。禅师于是解释道："那桃花自以为风华绝世，所以一直向河面上生长，为的就是在水里一睹高傲的容颜，它不愿意见到丑陋的树根，不愿意看见肮脏的泥土。结果春风过后，它也面临着凋落的凄凉处境，终归还是要回到泥土中来，可是树根已经不再愿意接纳它，泥土也不愿意再接纳它，最终只能飘落水中，任由流水无情地冲走。"大官听后若有所悟，拜别老禅师下山去了。

佛说平时修善之人，才有善缘，平时礼佛之人，才有佛缘，修前世之因，得后世之果。人生的一切都是有因果的，你待人不和善是因，必然要得到被人遗弃孤立的恶果。其实，人生就像踩跷跷板，你偶尔会站得很高，但是也会堕入低谷，当你站在高处的时候，就应该想到自己有一天可能会落入低谷之中，就应该以诚心待人，就要尽可能地得到更多人的支持和信任，那么当你真的失意时，也不至于会那样落寞，会无处倾诉，无人可以依靠。

做人就要像川泽湖海的水流一样，河流江水四溢时，要分流一些到湖泊之中，等到江流枯竭时，湖泊的水会反哺倒灌江河。这就是一种互补，一种相互寄存依托的生存智慧，所以当你春风得意的时候，不妨匀出一点福缘给别人，那么等你失意落魄时，别人才会愿意补充你一点福报。

在幸福的城市里，你幸福了没？

 **不怕聪明，就怕自作聪明**

《伊索寓言》中有一个故事，说的是有一头驴，背着一袋盐辛苦赶路，突然，它不小心掉进了河里，等它上来的时候，发现背上背的袋子轻了不少，它非常高兴。第二次，它背着一大堆棉花上路，心想要是再跌倒在河里，重量又会减少很多，可没想到，这次重量不但没减轻，吸水的棉花反而压得它喘不过气来。

这则寓言告诉我们，不恰当地耍小聪明，不但不会使自己受益，反而有可能遭受其害，贻笑大方。现实生活中，很多人自诩为聪明人，说着极聪明的话，却做出了很多蠢事。他们自以为比别人聪明，自以为通晓一切，自以为可以取笑他人，可以到处高谈阔论，其实根本不知道自己的能力底线在哪里，更不了解别人的能力和智慧，结果只会到处招摇、到处炫耀，最终只能是让自己陷入尴尬危险的境地。西方有句谚语说："谁也不会比谁傻两秒。"你觉得别人不如你，那是因为别人懒得和你计较。

法国著名画家贝罗尼去瑞士度假，他在河边写生的时候，遇到了三个英国贵妇。贵妇们并不认识贝罗尼，不过平时也喜欢画画，所以在见到他的画作后，几个人忍不住连连嗤笑，觉得这些画简直狗屁也不是。接着她们就对画指手画脚地发表了一通高论，贝罗尼则站在一旁虚心接受，并按照她们的要求一一作出修正。

第二天，贝罗尼再次来到河边写生，结果又遇到了那三位贵妇，她们主动上前跟他招呼，然后说："你画得真不怎么样，听说大画家贝罗尼来瑞士了，你为什么不去找他指导一下，我们几个来这就是专门来拜访他的。"贝罗尼微微一笑："实在不敢当，我就是你们要找的贝罗尼。"三位英国贵妇听了这番话非常惊讶和羞愧，没想到被自己指指点点的人竟然是当世的大画家，几个人迅速红着脸走开了。

在电影《阿甘正传》中，傻傻的阿甘总是被人欺负，他也知道自己比较笨，可是他的母亲却一直安慰和鼓励他："做蠢事的人才是蠢人。"在生活中，很多所谓的聪明人都在做着蠢事，"机关算尽太聪明，反误了卿卿性命"的王熙凤，一生精于算计，却最终落得死无葬身之地；才高八斗，聪明绝顶的杨修，能处处看出曹操的用心，却无法看到自己的死期已不远；劝降盗书不成反中反间计的腐儒蒋干，自以为立了大功，却葬送了曹操的八十万大军。

想起了那个在大街上卖矛和盾的人，一方面夸自己的矛能够刺穿一切东西，另一方面又夸口自己的盾可以防御一切矛的攻击，而那些喜欢玩小聪明的人，就和这个自相矛盾的人一样，往往认为自己是天底下第一聪明人，可结果却往往输在那个自己认为很愚蠢的人手下，用自己的右手抽了自己的左脸而已。

清代著名的经学家、史学家毕秋帆少年得志，高中状元，四十岁的时候已经名满天下。有一次，他去山西赴任，途中经过一座寺庙，于是就想进去休息一下。大家听说巡抚大人前来，都纷纷站起来迎接，只有一个老和尚一直在那里打坐诵经，并未理会。毕秋帆觉得自己无论是才学还是地位都是人人羡慕的，为什么这个老和尚却这么冷落自己，他的心里很不是滋味。

## 在幸福的城市里，你幸福了没？

老和尚念完一卷经之后，离座起身，合掌施礼，说道："老衲适才佛事未毕，有疏接待，望大人恕罪。"

毕秋帆问道："老法师念诵的何经？"老和尚说："《法华经》。"

毕秋帆说："老法师一心向佛，摒除俗务，诵经不辍，这部《法华经》想来应该烂熟于心了，不知其中有多少'阿弥陀佛'？"

老和尚知道对方有意嘲讽自己，于是反问道："老朽资质鲁钝，随诵随忘，大人文曲星下凡，屡考屡中，《四书》《五经》想来也应该烂熟于心，不知其中有多少'子曰'？"毕秋帆听后无言以对。

喝完茶之后，老和尚带着毕秋帆参观寺庙内的18尊罗汉。毕秋帆指着一尊笑罗汉问老和尚："他笑什么呢？"

老和尚不慌不忙地回答："他笑天下可笑之人。"

"天下哪些人可笑呢？"

老和尚说："恃才傲物的人，可笑；贪恋富贵的人，可笑；倚势凌人的人，可笑；钻营求宠的人，可笑；阿谀逢迎的人，可笑；不学无术的人，可笑；自作聪明的人，可笑。"

毕秋帆听后羞愧得无地自容，很快找了个借口离开寺庙，从此之后再也不敢在人前卖弄才学了。

做人应该低调一些，要尽量保持心中的平静和淡定，不要觉得自己站得足够高，就可以摘到星星，不要觉得自己看得足够远，就可以预知未来，不要觉得自己足够聪明，就可以目空一切。当你对自己的一切都觉得很有把握时，就越有可能一无所获，自作聪明就等于作茧自缚。从现在开始，就要收起你的自大，收起你的小聪明，收起你的目中无人，收起你的出风头心理，当别人高谈阔论的时候，你要懂得三缄其口；当别人犯错误的时候，你要懂得视若无睹；当别人向你探讨请教时，你要懂得装作无知；当别人妄图在你身上占小便宜时，你要懂得吃亏是福；当别人都自称是聪明人时，你要懂得在旁边当一个傻瓜。

孔子说："人皆曰：'予知。驱而纳诸罟擭陷阱之中，而莫之知辟也。'"每个人都自以为很聪明，可是我们往往等到自己被驱赶到罗网陷阱之中也不知道如何躲避。所以，当你自以为聪明的时候，往往是最笨的那一个，而当你把自己当成傻瓜来看的时候，或许才是真正的聪明人，也只有把自己当成一只笨鸟，你才会飞得更早，飞得更高。

在幸福的城市里，你幸福了没？

 己不如人勿生怨，人不如己莫轻看

　　每个人都会有虚荣心，这种虚荣心会成为一种衡量生活的标准，所以我们总是喜欢比个高低，你不想成为别人的配角和陪衬，但是从没有人认为你是陪衬，你自己不靠过去，不和花争艳，又何来花瓶之说，又何来陪衬之说。你不想活在别人的阴影里，可是没有人强迫你活在别人的影子里，只不过是你自己主动站在别人的影子中去，你和树比高，注定会埋没在树影之中。古人的笔记小说中有这样一首朴素的《行路难》："别人骑马我骑驴，仔细思量总不如；回头一看，还有挑夫。"做人没有什么好嫉妒、好生气、好抱怨的，我们可以看看自己的身后，其实很多人还比不上自己。

　　净空法师说："凡夫最大的业障就是嫉妒心重，不懂得随喜功德。"当我们不如别人时，就见不得别人比自己聪明，见不得别人身材比自己好，见不得别人生活条件好，见不得别人一切顺心。但是嫉妒和怨恨那些比自己更强的人，实际上是一种自私狭隘的想法，其实想一想，你的怨恨能起到什么作用呢，别人的生活不会因为你的抱怨和嫉妒而变得更坏，你也不可能依靠愤怒的心情来使自己的生活变得更好，无非是增加了自己无穷无尽的烦恼而已。

　　有人问亚里士多德："为什么心怀妒忌的人总是心情不愉快呢？"亚里士多德简单地回答说："因为折磨他的不仅仅是自身所遭受的挫折，还有别人的成就。"愤怒的背后其实是一种自卑心，你觉得自己比不上别人，

自己的人，则是一种修养。

　　我们每一个人都是幸福的发光体，既然如此，那么既不要嫉妒月华的光芒，也不要折辱星光的黯淡，不妨安然自处，发自己的光去照亮自己的人生路。

在幸福的城市里,你幸福了没?

 人有自知,切勿卖弄

在著名的佛学经典《涅槃经》中说道:"一切众生悉有佛性,如来常住无有变异。"也就是说佛者觉悟之义,性者不改之义,佛性就是指人性之中永不改变的觉悟之性。俗话常说:人贵有自知之明。其实,佛心,也是一种"明",其主旨就是告诫大家注意自身的缺点,还要慎重地看待是否卖弄自己的优点。

"明"字是由一日一月组成,如果将它比喻成黑白两种颜色,它就是可以代表世界的初始。正如《易经》上所讲:"一阴一阳之谓道。"所谓自知之明,就是自己本心之中发出的觉悟,这也是一种人生态度。人生最大的智慧就是有自知之明,这是非常可贵的,如果到处炫耀自己的才华便会招致不幸。

得明之源为自知,成功因明而名。很多人纳闷:"我本来就是我,怎能可以说不了解我自己呢?"其实并不是这样的。有的人对于别人了解得非常透彻,了解环境,了解社会,甚至可以洞悉整个世界,但是对自己的了解却是非常的少,要做到自知非常的困难。大千世界,茫茫人海,可以真正彻底地认识自己的人非常少,而不能将自己摆在合适位置的人却非常多。做个有自知之明的人,我们的人生会更轻松一些。

马祖是唐代极为著名的禅师,他有一个弟子叫邓隐峰,有天这个弟子

感觉到自己已经开悟了,于是便向马祖提出恳求,给自己放假去拜见石头大师,来试验自己的所得。

马祖知道那位大师是一个非常厉害的人物,便对弟子说:"石头路滑,参不得。"

邓隐峰说:"我是做戏而已,不管石头滑不滑。"

马祖听到弟子这样说,就同意弟子去试试。

邓隐峰见到石头禅师,顺着大师的身子绕了三圈,表示行礼,然后便将一把禅杖插在土中,问大师:"师父,你说这是什么?"

谁知大师全然没有理会他,仰观天空,并将双手举起来,说:"苍天!苍天!苍天!"邓隐峰被这样的情况搞得一头雾水,然后继续问,石头又说:"苍天!苍天!苍天!"邓隐峰不知如何答对便回去问马祖大师,大师讲:"这样,你再考验一次,若是他再说'苍天!苍天!苍天!',你便说'嗤!嗤!嗤!'就行了。"

邓隐峰得到师父的开悟,于是又来考验石头大师。见到禅师后,他还是那样转了三圈,将禅杖置于地上,问道:"师父,此为何物?"

他心中想着石头大师会说"苍天!苍天!苍天!"谁知石头脱口言道:"嗤!嗤!嗤!"

大师既然已经讲了"嗤!嗤!嗤!"邓隐峰自知无言以对。没有办法,只好回去问马祖。马祖说:"我已经说过石头路滑参不得。"后来对石头大师的话进行了仔细研究,终于还是开悟了。

常言道,人外有人,天外有天。马祖的弟子认为自己已经开悟,忘乎所以,开始目空一切,不知自己的斤两,结果在石头大师面前只能悻悻而去。

现实生活中,有些人的表现就是在自欺欺人,为自己仅有的一点优势便忘乎所以。本来并没有很深的造诣,还在那儿夸夸其谈,常常是眼高手低让人耻笑,力不从心;有的人,心怀鸿鹄之志,若是给了他施展的条件,却往往是非常不如意,令人抱憾。有的人,目空四海,妄自尊大。人如果没有自知之明便不能看透自己,也永远得不到别人的欣赏,而且极容易给自己造成一些没有必要的麻烦。

在人生的道路上,一个人若是可以做到知己知彼,并且可以正确对自己的能力进行考量是非常重要的。因为对自己进行高估,而轻蔑别人,这是我们经常犯的错误。雷特恩·塞克顿说:"自作聪明的人总以为自己比别人知道得多,这离无知也就一步之遥了。"事实表明:自作聪明的人可能比那些愚蠢的人更加愚蠢,那些轻蔑别人、骄傲自满的家伙总是作茧自缚,不得不吃下自己种的苦果。愚蠢的人如果清楚自己的情况,就会谨慎从事;自作主张的人往往是自作聪明,弄不好反而将事情弄得更糟,犯下难以弥补的错误。

在古代的时候,有一个人非常喜欢养鸟儿,而且花重金用金丝编了一个鸟笼,将一只会说话的鹦鹉关在里面并放在树上。有一天,这只鹦鹉在学人说话,忽然来了一只百灵鸟,听到鹦鹉的声音便笑着说:"呀!你难道是在唱歌吗?真是太难听了,你难道没有听过我的声音,我的声音才是唱歌呢。"说着便唱起歌来。声音的确清脆,悠扬动听,好像是清风拂面,清泉流水,鹦鹉在其中陶醉了。

正当百灵鸟唱得起劲呢,突然有一张巨大的丝网落了下来,主人极为激动,欣喜若狂地说:"哈哈,我从没有听到过如此动听的歌声,相比之下,鹦鹉的声音太刺耳了。"主人于是便将鹦鹉放了,将这只百灵鸟关入金丝笼中。

看着飞远的鹦鹉,百灵鸟不得不感叹:"唉,全怪我自己,卖弄自己嘲笑别人,让我落得这个下场。"

可见，过分的卖弄是不会有好结果的，就像那只百灵鸟卖弄自己的歌喉而被抓。所以，我们只是看见对方的短处，却没有意识到危险离自己越来越近。因此，在激烈的社会竞争中，有自知之明的人才会扬长避短、韬光养晦，才能在特定情况下仍然可以保全自己的利益，否则的话极容易作茧自缚。

佛语：人贵在自知！诸葛亮因为自知无帝王之福，所以尽全力辅佐刘备，鞠躬尽瘁，死而后已，成为一代良相；张良因为自知之明帮助刘邦得天下后而退隐，能够明哲保身；曾国藩将太平军打败之后，因为学会了自知而选择隐退。"人贵自知"不是一种自卑放弃的表现，而是让你更清楚地认识自己，使你自己感觉到清醒。自然不会被人当成是笑柄，毁了自己未来的前途。过分的卖弄也意味失去更多的东西，我们如对人生进行不断地充实，就应该学会自知。

在幸福的城市里,你幸福了没?

 **一切难行能行、难忍能忍是菩萨道**

佛家有云:"忍一时,风平浪静;退一步,海阔天空。"我们忍住一时的情绪不发作,就可以避免很多不必要的麻烦、不必要的损失。佛陀曾经说,忍就是一种修行,修行够了,我们自然就得道了。忍受是一种历练。忍受并不代表懦弱,而是一种生活的智慧。不将别人的污言秽语放在心中,以一种豁然大度的气度对待那些气势凌人的人,无形中,是给了那些人一种更大的压力,就像诸葛亮的空城计一样,先从气势上胜人一筹,不怕对手不认输。

忍受有时候也是一种无声的反抗。你不吭声,并不代表你同意,而是你想将事情先平息下来,等大家都平静的时候再决定,这样,可以将伤害降到最低,也能避免一些不必要的损失。

在汉字中,"忍"字的上方是一把刀。心上一把刀,就是告诫人们做事要冷静,要三思而后行,不能莽撞。在佛经当中有过这样一个故事。

相传云南有一位得道的秤锤祖师,姓蔡,家住昆明小东门外,成年不久双亲就离开了人世,给他留下了田产和家业。蔡先生非常勤劳,田里的菜自己吃不完,就拿到集市上去卖,挣一些零花钱。

蔡先生娶了一个年轻又漂亮的女子为妻,不过这位女子的内心可不像她的容貌一样漂亮,而是好吃懒做,而且与一个男人不清不楚。蔡先生发

禅境10课：唤醒你的幸福

现了自己妻子与别人的不轨行为，但不说破。时间一长，她的胆子逐渐变大了，竟然每日都与那个野汉子幽会，肆无忌惮。

这天，蔡先生很早出去卖菜了，他估计那个男人还没有离开他的家，就买了酒肉提前回家。那个男人确实还未离开，听见蔡先生回来了，他急忙躲到了床下。

蔡先生亲自下厨房做好了饭菜，让妻子摆好餐具用餐。妻子摆了两副餐具在桌上，蔡先生却让她摆三副，并且对她说，今天有客人要来。妻子只得摆好三副碗筷。蔡先生于是叫客人出来吃酒饭，妻子问道："你说的客人在哪？"蔡回答说："就在房子里。"妻子说："你不要胡说，房子之中怎么会有客人呢？"蔡先生却说："没有关系，你让他出来吧，他要是不出来，我就杀了他。"妻子只得让那个男人出来。蔡先生请男人坐下，还向他敬酒。

吃过饭菜，蔡先生向着那个男人拜了三拜，说："今天是个好日子，我的妻子年轻没人照顾，幸亏得到你的照顾，我的田地财产和妻子你都收下吧！"那个男人和妻子一听都傻了，不知道蔡先生葫芦里卖的什么药，当然不敢答应。蔡先生拿着刀威胁道："你们若不答应，我就杀了你们。"两人没办法，只好答应。

第二天，蔡先生来到一座山的寺庙中出家为僧，一边修行，一边劳作，后来，他成了一个真正顿悟的禅师。

懂得忍，才会知道何为不忍。只知道不忍的人，就像手舞木棒的孩子，一直把自己挥舞得筋疲力尽，却不知道大多数的挥舞动作，只是在不断地浪费自己的体力而已。

一年的寒冬腊月，一个名为"滴水"的和尚去天龙寺拜见仪山禅师。外面下着很大的雪，可是仪山禅师却不让他进门。于是，那个和尚就

在幸福的城市里，你幸福了没？

在门外一直跪着，这一跪就是三天。仪山的弟子看他可怜，纷纷为他求情，可是仪山却说："我这里不是收容所，不收留那些没有住所的人。"弟子们没有办法，只好纷纷走开。

到了第四天的时候，那个和尚身上皲裂的地方开始流血，他一次次地倒下又重新起来，但他依然跪在那里，雷打不动。仪山下令弟子："谁也不准开门，否则就将他逐出门外！"

七天后，那个和尚终于支撑不住，倒了下去。仪山出来试了一下他的鼻子，发现还有一丝呼吸，于是便下令将他扶了进去。最后，滴水终于进了仪山禅师的门下参学。

有一天，滴水和尚向仪山禅师问道："无字与般若有什么区别？"

话没说完，仪山就一拳打了过来，大吼道："这个问题岂是你能问的？滚出去！"

滴水被仪山的拳头打得头晕目眩，耳朵里只有仪山的吼声。忽然间，滴水想通了："有与无都是自己的肤浅意识，你看我有，我看我无。"

还有一次，滴水感冒了，正在用纸擤鼻涕的时候，被仪山看到了，他大声喝道："你的鼻子比别人的血汗珍贵？你这不是在糟蹋白纸吗？"滴水不敢再擦了。

很多人都难以忍受仪山的冷峻，可是滴水说："人间有三种出家人，下等僧利用师门的影响来发扬光大自己；中等僧欣赏家师的慈悲，步步追随；上等僧在师父的剪锤下日益强壮，终于找到自己的天空。"

忍辱并不是所有人都可以做到，有的人将万般的折磨都忍了下来，有的人却无法去忍。忍辱负重的人常常可以做到普通人无法做到的事情，所以，忍也是我们生活里的一种手段。眼前的忍有助于未来的成功，佛陀也将忍作为修行的重中之重，忍可以豁达一个人的心胸，一个人的心智，以及一个人的境界。所以，学会忍受是一个人获得成功的关键。

禅境10课：唤醒你的幸福

 **倾听才能赢得更多掌声**

美国著名的导演斯皮尔伯格，有一次在片场见到一个小伙子在拿本子记录着什么，于是就好奇地走过去看，结果发现小伙子在将别人说过的有用话一一记录下来。斯皮尔伯格于是问道："他们都在说，你为什么不过去说几句呢？"小伙子一看是导演过来了，连忙起身，腼腆地说："人人都想去说，可是总得有听众吧！"斯皮尔伯格开玩笑说："他们可不是什么大明星，你为什么会对他们的话感兴趣？那些家伙只会胡说八道。"小伙子笑一笑说道："我不去听，怎么能够知道他们哪些话是对的，哪些是错的，听一听，总是有些用处。"斯皮尔伯格连连点头，接着问他来自哪里？小伙子说他是哈佛的毕业生，想来这里当个演员。斯皮尔伯格笑着说："你明天可以来我的剧组上班。"

上帝为什么给我们安排了两只耳朵，而只有一张嘴？那就是要求我们少说多听。可并不是每个人都只愿意做听众。在这个张扬个性的年代里，每个人都希望自己是备受瞩目的主角，每个人都想在别人面前展现自己是多么优秀，自己的想法是多么独特，自己的声音是多么悦耳。但如果每个人都是主角，每个人都只顾着表现自己，那么，谁来欣赏你的表演呢？谁能听见你的高谈阔论呢？谁来评判你的优秀呢？

要想让别人为自己鼓掌，就要先学会为别人鼓掌；要想当一个好主角，

在幸福的城市里，你幸福了没？

就要先从配角演起；要想听清别人的谈话，就要从倾听学起，有时候，当一个专注的听客和看客，比做主角能学到更多的东西。所以佛说："最有智慧的人，不是说得最多的人，而是听得最多的人。"

道引禅师有一次和别人谈论佛法，说到兴起处，竟然连续说了几个时辰，别人根本插不上嘴，结果很多僧人都很不高兴地走开了。道引禅师却浑然不觉，依然自顾自地说着。等到天渐渐变黑了，他才稍稍收敛一些，却发现身边的人已经寥寥无几了。这时，他才明白可能是自己的话太多了，让别人产生了反感。他非常不好意思，低着头准备离开。

这时他发现有个老和尚一直站在身边没有离开，于是非常好奇地问："大家都走了，你为什么还不离开呢？"老和尚微微一笑，说道："我还想再多听一些东西。"这番话一说出口，道引禅师的脸一下子就热辣起来，他尴尬地冲老和尚笑了笑："我的听众都被吓跑了。"老和尚回答说："至少还有我一个。"接着，两个人相视一笑，然后一同离开。

一路上两个人就聊了起来，结果道引禅师发现站在自己身边的人竟然是佛法高深的大智和尚，没想到这样一位高人竟然听自己讲了一个下午的佛法，道引既觉得欣喜，也觉得羞愧，毕竟大智和尚的佛法修为是众所周知的，自己如今岂不是有班门弄斧的嫌疑。想到这里，道引禅师就问："为什么你刚才不说话呢？以你的修为，我相信一定会闻者云集。"大智和尚却摇摇头说，笑着说："我说得再多，也只是自己的一些东西，但是我听到的东西却全部都是别人的，而且很可能是我自己所缺少的东西，这样不是更好吗？"道引禅师听后羞愧不已，从此以后，再也不敢在人前故意炫耀了。

倾听是一种心灵的交流，是一种尊重和信任，生活中的任何时候、任何场合，都要学会倾听别人。面对父母，无论你有多么强大，无论你多么有主见，无论你有多么独立，也要认认真真地伏在父母亲的膝盖上听他们的唠叨，听他们的教诲，听他们的嘱托。面对他人，无论你的能力有多高，无论你的地位有多尊贵，无论有多么博学，也要尊重别人的发言，也要适时为别人的想法鼓掌。任何时候，我们都该谦卑地俯下身子，听一听别人说了些什么，听听身边的人都有什么样的想法，都该认认真真地为别人的演讲鼓一次掌。

越是想要让别人了解自己关注自己，我们往往就越容易忽视别人。其实最好的办法就是先去了解别人，先了解别人的想法，了解别人的性格，了解别人的内心世界。你不主动去倾听，不给对方倾诉的机会，那么自然也就没有办法抓住对方的心。只有倾听才能了解别人在想些什么，才能拉近彼此之间的距离，才能让别人觉得你是一个值得依靠的人，才能为自己赢得更多的掌声。

在小说《傲慢与偏见》中，丽萃有一次遇见了一位从非洲旅行回来的绅士，于是就安安静静地坐在一旁听这位男士讲述他在非洲的见闻，由于听得入迷了，丽萃几乎一言不发。等到话题聊完之后，男士和她也分手了，可是离开之后，那位绅士却对别人说："丽萃是个多么善于言谈的姑娘啊！"有时候倾听也许比你说话更能表明你的内涵，更能凸显你的个人魅力。我们应该做一个低调的倾听者，当一个华丽的陪衬。

在幸福的城市里，你幸福了没？

# 第六章
# 面对不平常事，更不可缺少一颗平常心

##  面对不常事,最难得是平常心

人生来就很平常,平常的人才是正常的人,正常的人才能拥有一颗平常的心。

从前,山上有座寺庙,庙中有个小和尚,法号慧空。他聪明伶俐,非常讨方丈的欢心,所以老方丈打算将衣钵传给他,但是不知道他能否担此重任。

有一天,老方丈正在参禅打坐,突然听到了庭院之中有嘈杂声,于是放下经书走到院子中。他刚到,弟子们就围了过来,问老方丈:"为什么我们都来三年了,还是让我们天天念经,是不是师父不想将佛法的精妙传给我们啊。"方丈听了,摇摇头对那些弟子说:"徒弟们,那儿有几个水桶,你们每个人提着水桶到河边打水,谁最先将一桶满满的水打回来,我就将佛法的精妙传给谁。"弟子们闻言兴奋地去抢水桶,而慧空却站在那儿一动不动。直到其他的弟子七手八脚的提着桶出了门,慧空才慢慢地提起最后的那个水桶,朝着门外走去。

一会儿,打好水的弟子们就回来了,因为每个人都想第一个将水提进来,所有人在门口挤成了一团,有的桶里的水全部洒了出来,有的刚挤到前面就被门槛绊倒了。折腾了半天,谁也没有将一桶满满的水提进来。在大家的吵闹中,慧空一个人提着满满一桶水,稳稳地放在院子中,其他弟

在幸福的城市里，你幸福了没？

子顿时默不作声。

最终，慧空继承了方丈的衣钵。

慧空的聪明，就在于他能保持一颗平常心，所以在方丈说谁先提一满桶回来就将佛法的精妙传给谁时依然淡泊、平和。争即是不争，不争即是争，慧空用自己的平常心为自己赢得了胜利的机会。

2012年诺贝尔文学奖刚刚揭晓，莫言的名字便传到了世界各地，特别对于中国来说，拿到诺贝尔文学奖，是每个中国人的梦想，可面对这个奖项，莫言却依旧淡然，平和，他说："听到获奖的消息，我很高兴。但是我觉得获奖并不能代表什么。"莫言说，接下来还是会将大部分精力放在新作品的创作上。莫言的二哥在接受媒体采访时表示，对于弟弟得奖自己"很高兴"。当被问及是否计划全家共同庆祝时，他平淡地答道："这很平常。"

除了莫言，还有很多名人、大人物都能在盛名之下保持一颗平常心，例如季羡林，堂堂的大学校长，却为学生默默地看守行李，例如多次登上奥斯卡领奖台的李安，等等，一个人只有保持一颗平常心，才能在灾难来临时不慌不忙，才能在幸福来临时不骄不躁。

古印度，有一个学僧无量，虽精于禅道的修持，但始终不能顿悟，眼看比他晚入参禅学道的同参中都有不少人对禅都能有所体会，想想自己实在没有资格学禅，既不幽默，又无灵巧，始终不能入门，心想还是做个行脚的苦行僧吧。于是无量就打点行囊，计划远行。临走时便到法堂去向圆真禅师辞行。

无量禀告道："老师，学僧辜负您的慈悲，自从皈投在您座下参学已有十年之久，对禅乃是一点了悟都没有，我实在不是学禅的根器，今向您老辞行，我将云游四方去。"

圆真禅师非常惊讶，问道："为什么没有觉悟就走呢？难到别处就可以觉悟吗？"

无量诚恳禀告道："我每天除了吃饭、睡觉之外，都精进于道业上的修持，我用功就是因缘不合。反观同参的道友们一个个都契机地回归根源，我已经感到倦怠了。所以，我想我还是做个行脚的苦行僧吧！"

圆真禅师听后开示道："悟，是一种内在本性的流露，根本无法形容，也无法传达给别人，更是学不来也急不来的。别人有别人的境界，你修你的禅道，这是两回事，为什么要混为一谈呢？"

无量道："老师，您不知道，我与同参们一比立刻就有大鹏鸟与小麻雀的惭愧。"

圆真禅师佯装不解似的问道："怎么样的大？怎么样的小？"

无量答到："大鹏鸟一展翅能飞跃几百里，而我只囿于草地上的方圆几丈而已。"

禅师意味深长地问道："大鹏鸟一展翅能飞跃几百里，它已经飞跃生死了吗？"无量禅僧听后默默不语，若有所悟。

在竞争如此激烈的今天，社会为我们每个人都提供了发挥才能、展示自我的机会。然而在这个竞争激烈的体制下，成功人士毕竟是少数，大多数人还是在平凡的岗位上为自己的衣食住行忙碌奔波着，面对别人的成功，面对别人的荣华富贵，作为众多还在为生活奔波的我们，要想开心幸福地过日子，就必须学会欣赏每个瞬间，必须存有一颗平常心。

保持一颗平常心，才能理性地战胜自己。每一个人都有自己的长处和短处，但人真正认识自己，了解自己却是不容易的事。我们只有在心态平静、心情平和的时候，才能发掘自己的长处，找到前进的方向，锁定人生的目标。我们只有在心态平和的时候，才能看到自己与他人的差距在哪里，从而不会再自高自大，目中无人。我们也只有在心态平和的时候，才会发

在幸福的城市里，你幸福了没？

现自己需要的并不是很多，一顿简简单单的饭菜就可以填饱肚子，一件普普通通的衣服就可以遮寒挡雨，为了外表的光鲜与口腹之欲而拼死拼活是多么傻的一件事。在心态平和中，你才会慢慢明白：活着不是为了吃饭穿衣，而是为了给世界留下点你曾经来过的痕迹。

平常心是一种超越凡俗、超越功名利禄的大悲悯、大情怀，是貌似不动声色，实则声色尽收眼底的超拔和脱俗。表面的平常，需经多年的痛苦磨炼方能获得。心平气和不仅是大家提倡的一种生活状态，更是我们想要快乐一生而必须具备的精神状态。能否以平和的心态对待生活、对待他人、对待荣辱升沉、对待种种意外，是人生境界和人生气象的重要表现。我们每个人活着的目的就是在创造成功的过程中尽情地享受快乐。只有心平气和才能让自己的生活丰富多彩，才能使自己的一生满载快乐。

##  痛苦如盐，咸或淡取决于容器

1980年，一个名为潘晓的人给《中国青年》寄去了自己的一封信，信件的名字是《人生的路啊！怎么越走越窄……》，作者将当代人的彷徨、苦闷、迷茫和怀疑全部真切地表达了出来。同年五月，《中国青年》刊登出了这封信，结果引发了一场社会大讨论。直至今天，很多人仍然在想：我为什么会感觉活着那么累，为什么人生的路越走越窄？其实，我们并不想让自己活得这么累，但我们却无法控制自己看到别人成功时艳羡的眼神，无法控制想到自己前途时迷茫的道路，无法控制做了错事而自怨自艾的悔恨，无法控制受到不公正待遇时的耿耿于怀。我们可以控制自己的饮食，控制自己的身体，但我们永远无法控制自己内心对财富的欲望。所以，我们觉得活着很累。

我们都想坦然地放下自己的欲望，可是我们一次次地为自己找借口，我要生活，我要养活老婆孩子，我要出人头地，等等。所以，我们只好让自己在放下与欲望中挣扎。最终，不管是欲望战胜了放下，或者是放下战胜了欲望，或者是两者达到了平衡，我们离开这个世界的时候才发现，不管是什么，原来我一样也带不走。

有个小和尚总是喜欢抱怨生活，因此一直活得很痛苦，他向自己的师父倾诉。师父没有多说什么，只是让他买一袋盐回来，然后让他抓一把盐

## 在幸福的城市里，你幸福了没？

放在一杯清水中。师父让小和尚尝一尝这杯水的味道，小和尚喝了一口然后回答说："很咸。"师父点点头，然后带着小和尚来到湖边，将剩余的盐全部倒在湖里面，这次，他又让小和尚尝一尝湖水的味道，小和尚照办了。

师父问道："现在水是什么味道。"小和尚回答道："纯净甜美。"师父接着问："尝到咸味了没有？"小和尚摇摇头。师父于是笑着说："这就对了，同样是盐，将它放在不同的容器中，它的味道就会不同，生活中的痛苦就像这些盐一样，是咸还是淡，完全取决于你将它装在什么容器之中，你愿意做一杯水，还是一片湖？"小和尚听了，立即觉悟过来。

执着于一片落花的是忧伤的诗人，他的春天是伤感衰败的；放得下这一片落花的是美学家，他收获的是满园春色。人生多有不如意，幸福生活也会有杂质，关键看你以何种心境来看待生活，人心需要豁达一些，平和一些，把心放开了放静了，那么痛苦恰如一粒微尘，任它飞扬起舞，任它风声鹤唳，却何曾遮蔽一草一木，又何曾浊化朗朗青天？任它携风带雨，任它漂河入海，却何曾破发一丝声响，又何曾惊起半点涟漪？

人生应该更加放达潇洒一些，如果是一粒沙子，不如让它飘入风中；如果是一块丑石，且不妨沉入海底；如果是一道皱纹，且留在生活的笑容之中；如果是一丝白发，就让它留在时间的鬓角；如果是一声叹息，就让它在寂寞中消逝；如果是一滴眼泪，就让它落在手心感受温暖。做人要将生活看得更远，将心放得更开，要从痛苦那个卑微的点中跳出来，可以寻找更多快乐幸福的事情。

有个人一生都过得很失败，都很不幸，自己的家庭被人拆散，爱人也跟着别人走了，自己的事业则毫无起色，家产也全都失去了，他自己的生活颠沛流离，就像乞丐一样。遭受如此多的刺激，别人都为他可惜，可他自己却整天都笑嘻嘻的，根本就像没什么事情发生一样，而且看上去似乎比其他人还要更加开心。旁人以为他疯了，问他为什么那么开心，难道不知道自己的生活一直很苦楚吗？

他微微一笑："我的生活的确很苦楚，但我为什么要哭丧着脸，其实那些不幸的事情我早就不放在心上了，我在世上活了三十年，那些不幸全部加起来还没有占去十分之一的时间，和那些开心的事情相比，还没有占到百分之一，我都记不起那些事了，而且也没空去记起那些事。现在我有那么多的时间去享受快乐，我还有那么多的快乐可以享受，为什么要不开心？"

痛苦和不愉快的事情究竟占据了人生多少空间，究竟占去了你多少的时间，在人生的长河中，难道你没有遇到愉快幸福的事情，难道失败才是生命的主旋律？难道除了忧伤，你就没有其他什么事情可做了？我们还有更多的幸福，我们还有更多的时间去追求幸福，你放不下心中的痛苦，放不下心中的枷锁，这样就等于将自己困锁在痛苦之中，我们的生活自然也就没有任何幸福可言。

我们何必和自己过不去，何必将自己逼入狭窄的通道。人生总是会有一些不如意的事情，但是以平常心来对待，那么这些小瑕疵实际上根本无碍于你的幸福，完全没有必要记挂在心头。"放开怀抱不须焦，万事付之一笑。"人生应该放开怀抱，我们装得下苦和乐，装得下喜和悲，装得下得与失，装得下是与非，装得下笑容和眼泪。你的心中能放下多少痛苦，你的心境有多开阔，用一颗博大豁达的心去丈量生活，那么任何悲伤和痛苦，任何的污点和不堪都是微不足道的，我们才能真正放下，才能重拾生活的信心，才可以惬意地在庭院里看花开花谢、云卷云舒。

生活需要淡定一些，需要放开胸怀，不要因为一颗微不足道的痣而轻易抹杀我们脸庞的美丽。

在幸福的城市里，你幸福了没？

 **担得起放得下，拥有阳光般心态**

佛说："放下欲望，我们便可以从中解脱出来，也让我们这样快乐的心去做更多的事情。"

佛说："放下包袱，我们可以让一些复杂的事情变得简单起来，心中沉重的包袱也会放下来。"

一个年轻人背着一个很大的包袱，不远千里来请法师指点迷津。他说："法师，您知道我现在是多么孤寂无助吗？为了找到我的快乐，我长途跋涉非常疲惫，我的鞋子破了，路上的荆棘割破了我的双脚，我的手也受伤了，一直在流血，嗓子因为长期的呼喊而沙哑……可我却为什么找不到自己的快乐呢？"

法师听完年轻人的叙述，便问道："你背的大包袱中都是些什么啊？"

小伙子说："这些东西对我来说非常的重要。里面装的都是我受伤之后的痛苦，每一次受伤以后的泪水，每一次烦恼之后的痛苦……依靠它，我才来到您这里。"

这时，法师将他带到一条河的边上，他们坐船过了河。

在上岸之后，法师对年轻人说："你扛着船去上路吧！"

"什么？法师你怎么让我扛着船赶路，"年轻人脸上写满了疑问，"它那么沉，我扛不动啊！"

"是的,年轻人,你真的不能扛动它。"法师微微一笑,"当我们需要渡河的时候,这条船非常有用,但是等到我们过完河,就应该弃船登岸,然后继续赶路,否则船就是我们的累赘、包袱。所谓孤独、痛苦、灾难、寂寞、眼泪,这些都是对我们的人生有帮助的,它能锻炼我们的意志、品格,但是有时候需要将他们忘记,如果你总是不忘记他们就会成为我们心灵的包袱。因此,年轻人,应该将那些过往不好的经历忘记,这样你才能找到快乐。"

这个年轻人听完法师所讲的话,他将沉重的包袱放下来,然后继续赶路,他真的感觉自己轻松了很多,现在要比以前快乐了,他深深地叹道:"原来人生没有必要那样的沉重。"

人往往拥有的越多,烦恼就越多。因为万事万物本来就随着因缘变化而变化,我们却试图牢牢把握让它不变,结果自然没有人能做得到。人生的道路上,很多人都有贪得无厌的心态,俗话说得好:"欲壑难填。"自古以来,人们都有着对金钱、美女、权利等一切美好事物的向往,它犹如滔滔江水,在人们内心深处澎湃,因小失大的事情,使自己遗憾终身,正因为有这样喜贪的毛病,反而失去了太多,结果是竹篮打水一场空。只有学会放下,你才能够腾出手来得到自己真正想要的东西。

有一次,一位有名望的大师带着徒弟外出讲经。当他们路过桥边的时候,正好赶上洪水暴发,洪水将唯一的出路冲毁了。师徒二人在河边有些犯难,心想:"这怎么过去呢?"

就在这个时候,有位非常年轻的姑娘也要过河,看到桥梁断了,心中非常着急。这位大师见状于是上前:"姑娘,你想过河吗?这样好了,我把你背过去。"因为姑娘有急事要办,所以也不顾及男女有别,于是她便回答:"好啊!好啊!"大师于是背着姑娘蹚着河水过去了。他们很快便

在幸福的城市里，你幸福了没？

来到对岸，大师将姑娘稳稳地放了下来，姑娘道谢后便各奔东西了。

然而，在后面紧紧跟随的徒弟在想：师父经常对我们说，"男女授受不亲"，今天过河遇到这样美丽的姑娘，却非常高兴地背着姑娘过去。但是，因为这是师父的行为，自己是徒弟，所以一直不敢将这种想法说出来。

可是，日子一天一天地过去了，徒弟心中仍然放不下那件事。终于有一天，他跑到师父面前将自己的想法说了出来。师父一听，立刻大笑起来："哎呀！徒弟，你这样活着不累啊！我将姑娘背到对岸便放下了，而你却将姑娘背在了心上，而且就这样背了三个月，你还没有放下，真是辛苦啊！"

所谓"智者无为，愚人自缚"，人通常喜欢自己给自己的心灵套上枷锁，就像故事中的徒弟一样。功名、金钱、爱情、事业，皆是心中求之欲得的，而正是这一味的追求，无节制的欲望，使人紧张忙碌，疲于奔命，这就是放不下。因为放不下既得的舒适环境，有人习惯于当太平官，守摊子保位子；因为放不下看重的"声誉"和"荣誉"，一些人害怕别人的批评和打击，墨守成规，小心翼翼，贻误了事业；因为放不下诱人的灯红酒绿，有人守不住清贫，耐不住寂寞，越走越远，越陷越深，犯下不可饶恕的错误；因为放不下期盼的职务和待遇，有人忙于东奔西跑、请客送礼，甚至违法乱纪。而现实中我们都没有通天的本领，这就注定许多事情难以尽如人意，致使我们常会陷于"求不得苦"中，难以解脱。面对这些情况，想要身心得到自由，就要求我们在生活中应该学会放下，放下那些不必要的多余的累赘。相对于人生而言，只有放下对名利物欲等"饥渴"心理，才能在当下的工作、生活中去体味人生，才能体悟到人生的真谛——快乐自适才是生命的本质。

心灵的房间，不打扫就会落满灰尘。蒙尘的心，会变得灰色和迷茫。我们每天都要经历很多事情，开心的，不开心的，都在心里安家落户。心里的事情一多,就会变得杂乱无序,然后心也跟着乱起来。有些痛苦的情绪和不愉快的记忆,如果充斥在心里,就会使人萎靡不振。所以,扫地除尘,能够使黯然的心变得亮堂;把事情理清楚,才能告别烦乱;把一些无谓的痛苦扔掉,快乐就有了更多更大的空间。

在幸福的城市里，你幸福了没？

 ## 苦行出虔诚，学会在逆境中修行

作家史铁生身患残疾，可是他始终有一颗健全的心，有一个坦然的人生态度。他曾在《病隙碎笔》中这样说道："我就是活出了一些'问题'，这些生命的疑问，或者关口，其实无论古今，人人都要过的。"正因为这份淡定从容，他才能够在最艰难的人生路上写出动人的文章，才能在逆境中保留对生活的渴望。

苦难是一种摧残，也是一种磨砺，关键看你用何种心态去看待。很多人甚至将逆境和挫折当作人生修炼的契机，以便在各种艰难的环境中磨炼自己，修行自己的定慧。明慧禅师一生都过得很清苦，可以说尝尽了人间的磨难和苦楚，可是他的佛学高深。有一次别人问他："大师觉得自己身上的佛比别人高在哪里？"禅师微微一笑："高在我受了更多的苦难。""不经一番寒彻骨，哪得梅花扑鼻香"，唯有痛苦和磨难才能带来更多生活的教益。

孟子说："天将降大任于斯人也，必先苦其心志，劳其筋骨，饿其体肤，空乏其身，行拂乱其所为。"但是你是否真的具备接受人生大任的心态？当苦难真正到来的时候，你是否能够安守本心呢？你将会以何种心态来面对逆境？可能会退缩，可能会恐惧，可能会绝望，可能会就此沉沦，也可能会奋起，可能会欣喜，可能会激动。心态不同，人生就不同。

当我们面对困难的时候，要么就是抱怨生活的不公，"为什么倒霉的

是我，为什么受伤的会是我？"要么就经常会说："我不知道自己该做些什么，也不知道自己还能做什么。"也许我们觉得一切都是徒劳无功的，做什么和不做什么根本没有区别，当我们被生活困在牢笼之中的时候，实际上就已经收起了自己的翅膀。无论抱怨还是焦虑，其实都改变不了事情的性质，都改变不了你被困的事实，为什么不安静下来好好想一想办法呢？在焦虑不安中浪费时间只是最没有意义的做法。

若以平常心来看，逆境并不可怕，他是每个人都会经历的事情，是成长的一部分，美国总统罗斯福说过一句话："真正让我们恐惧的是恐惧本身。"当你害怕面对逆境时，逆境已经使你丧失了挣扎和反抗的勇气，使你放弃了突围的准备。

一位禅师与众弟子往东宣扬佛法，路上遇到一条大河，河水湍急，众人面面相觑，谁也不敢渡河，这时候禅师率先脱掉鞋袜，只身走入河中，弟子们见状连忙拦住他，可是禅师根本不理会他们，毅然往前走，弟子们见到师父年老力衰还敢于渡河，自己也不好再胆怯地待在岸上不下水，于是几个人手拉着手也跟着下了河。

虽然河水很急，他们差点被冲走，不过好在安全抵达对岸，大家都很高兴。这时候，禅师对弟子们说："你们知道我们为什么能够过河吗？"有弟子回答说："因为我们找到了过河的技巧和方法。"禅师点点头又摇摇头，说道："技巧只是一方面，重要的是我们找到了过河的勇气。"弟子闻言纷纷点头。

不要轻易在困难面前低头，不要轻易为逆境而绝望，须知失败积累了成功的经验，困难磨砺了更大的意志，挫折强壮了我们的心脏，每一次的逆境其实都是一种修行。要保证好的心态，即便在逆境中也要微笑着面对生活，也要以平常心来面对生活，生命不会因为一次失败而变得灰暗，人

## 在幸福的城市里,你幸福了没?

生不会因为一次挫折而沉沦,在逆境中一样要保持平和淡定。"五岭逶迤腾细浪,乌蒙磅礴走泥丸。"做人还是应该潇洒一些,再大的困难也要懂得等闲视之,你将困难看得太大,实际上就将自己看得更为渺小。正因为如此,在生活的重压面前,我们更应该挺起胸膛,在生活的逆境之中,更应该抬头仰望。

在逆境中、在绝境中也要保持一份淡然的心,哪怕狂风暴雨,也不过是一身蓑衣,半身泥泞,该走的路还在,该行的人还在,照样是风雨无阻,照样会如履平地。其实心里明媚如春,又何惧寒冬腊月之苦;心中明月清照,又何愁长夜漫漫无路。生活当有这样一种超脱的智慧,若能留一片淡然之心,世间再无半点阻碍,再无半点困顿不安。

师徒二人忙着赶夜路,结果误入猎人设置的陷阱之中,两个人深陷几米深的黑洞之中,什么也看不见。徒弟惊慌失措,在黑暗中大喊大叫,同时又忙来忙去找出口,而师父却一直安安静静地坐在洞里。徒弟失落地告诉师父两个人可能出不去了,师父点点头回答说知道。徒弟非常着急地问:"难道你一点都不担心吗?"师父反问道:"担心什么呢?你还在,我也还在。"

"可是我们在漆黑之中根本出不去呀!"徒弟有些着急。

"明天会天亮的,你担心什么。而且今天晚上,我们本来就没有什么地方可寄宿的,现在有人为我们安排了一个大洞,至少冷风吹不着,我们为什么不顺其自然在这睡上一觉?"师父说完之后,就打坐入定。第二天一大早,就有猎人前来查看猎物,于是很快将师徒二人救了出来。

其实,困难不过是生活中一个美丽的错误,只不过是出现在了错误的时间,出现在了错误的地点,但既然已经身处困境,就要懂得去面对,去适应,去克服。生活原本就是不公平的,生活原本就会为你设置很多陷阱,会将你推入绝境,但是我们没有必要哭着去抱怨,去逃避,去自卑,去绝望,那样根本改变不了什么,还不如放宽心,微笑着面对生活,微笑着面对逆境,这样才会有生活的勇气和信心。

　　漫画家几米创作过一幅叫作《希望井》的漫画:"掉落深井,我大声呼喊,天黑了,黯然低头,才发现水面满是闪烁的星光。我在最深的绝望里,遇见了最美的惊喜。"人生哪怕遇到再大的挫折和困难,哪怕身处绝望之境,哪怕落在最深的井底,也要懂得守望那一片星空。诗人食指说:"我依旧铺平失望的灰烬,用美丽的雪花写下'相信未来'。"所以当你处在逆境之中,当你处在绝望之中,当你的生活陷入迷茫之中,一定要淡然地看待一切,要始终对生活抱有信心。啊怕是陷入无路可走的黑暗中,也要在心中为自己留一盏明灯。

在幸福的城市里，你幸福了没？

要有一颗慈悲的心

2007年2月16日，刚刚卸任的联合国秘书长安南，在得克萨斯州的一个庄园里举行了一场慈善晚宴。应邀参加晚宴的都是富商和社会名流。当一个叫露西的小女孩儿捧着她的全部储蓄来到庄园，要求进去参加慈善晚宴的时候，遇到了保安的阻止。小露西说："叔叔，慈善的不是钱，是心，对吗？"她的话让保安愣住了。这句话打动了正要进去的沃伦·巴菲特先生。他带小露西进了庄园。当天慈善晚宴的主角不是倡议者的安南，不是捐出300万美元的巴菲特，而是仅仅捐出30美元零25美分的小露西。而晚宴的主题标语也变成了这样一句话："慈善的不是钱，是心。"

多么纯真善良的童心！在小露西的心灵里，爱心是不分钱多钱少的。30美元零25美分相对于300万美元来说，不值一提，然而，这却是小露西的全部所有，她奉出了全部的爱心，毫无保留！保安是以地位来看待来客的，而小露西却能在保安面前不卑不亢，那是因为她认为自己是来奉献爱心的。爱心不分贫富，爱心是不以金钱的数量来衡量的。奉献爱心，只要是尽自己所能，就是义举。善良的心是不分高低贵贱的。只要怀有真诚的慈悲之心，你的心灵就是高贵的。

慈悲之心不是对别人的施舍，它是人性最珍贵的美德，这是佛陀的本心。我们的心中若常怀慈悲之心，当你遇到别人需要帮助的时候去施以援手，你的心中必然会获得超然的快乐。慈悲的大爱是没有条件的，我们在生活中不能没有感情，而是以慈悲之心去看待。在社会生活的我们必须常怀慈悲之心，用慈悲去包容一切的善恶美丑，用实际行动引导身边的每一个人。这样心中便觉豁然开朗。

有这样一个故事，在古代有一个非常庞大的国家，这个国家的国王还管辖着五千多小的国家。国王有三位王子，小王子摩科萨青天性善良，极为慈悲。

有一天，国王带着三个孩子与众大臣出外游玩，走了很久，国王在一地方停下来休息。三个孩子便到附近的密林之中游玩。

忽然，密林深处出现了一头母老虎，它的身边还趴着几只小老虎。母老虎看上去非常瘦弱，似乎已经好久没有吃东西。它的眼睛时不时瞟一眼旁边躺着的几只小老虎，眼中透露出饥饿难耐的神色。

看着母老虎的样子，摩科萨青心中一惊，难道母老虎打算吃掉自己孩子中的一个。他曾经听说过当老虎实在饥饿难耐的时候，会吃掉自己的孩子，这只母老虎也会这样吗？摩科萨青声音颤抖着问两个哥哥："哥哥，你们说，那只母老虎是不是打算吃掉自己的孩子啊？"

两个哥哥看了看母老虎的表情，说："看这样子是这样。如果老虎妈妈死了，小老虎也没办法活下来，只有老虎妈妈活着，这些小老虎才能继续活着。"

"那怎样才能阻止老虎妈妈吃自己的孩子呢？"摩科萨青难过的问。

"如果母老虎能有食物吃，它就不会吃自己的孩子了，可看这样子，这座山上应该是没什么吃的了，要不然它也不会饿成这样。"

"哦。"摩科萨青点点头。

"我们快点回去吧，要不然父王该着急了。"大哥哥催促道。

"好，我们回去。"听见大哥的提议，三个王子决定回去，可两个哥哥

在幸福的城市里，你幸福了没？

没发现，摩科萨青却没有跟上来。

摩科萨青走到雌虎的面前，将自己的身子探过去，但老虎一动不动。看到这种情景，摩科萨青用刀子将皮肤划开，让鲜血流出来。饥饿的老虎闻到血腥味，立刻精神了起来。

两位大王子走到一半，才发现小弟弟没有跟上来，他们急忙回去找，却只看见弟弟的尸首与衣服。

佛祖被摩科萨青舍身饲虎的慈悲心所感动，便将王子的灵魂召了去，成为佛陀。随后，佛陀降临人世，普度众生。

慈悲，是由上帝发明的一种光辉，然后我们人类的心灵去彼此辉映。拥有一颗慈悲心的人，必定是爱情甜蜜的人，因为这样的人懂得珍惜爱人，宽容爱人；拥有一颗慈悲心的人，必定是事业有成的人，因为这样的人懂得体谅他人，容纳他人；拥有一颗慈悲心的人，必定是心胸宽广的人，因为这样的人懂得人非圣贤，孰能无过；拥有一颗慈悲心的人，必定是有大爱的人，因为这样的人懂得爱是慈悲的最高境界。

不管是对待大街上无家可归的乞讨者，还是自然界的一花一草，用慈悲的心看世界，你的世界便会一片清明。

##  不急躁,从做好每一件小事开始

天下之事,有大有小,可任何事情,都应从细微之处做起,从最容易做的事情做起,正所谓:"天下难事必做于易,天下大事必做于细。"想做好一份工作,首先要做的就是做好大事的基础,认真对待生活中的每件小事,只有这样,你才能成大事,才能应对激烈的竞争,将自己立于不败之地。

养成从每件小事做起的好习惯,就能够督促我们不浪费点滴的时间,懂得一寸光阴一寸金,从每件小事做起,树立正确的做事心态,切忌好高骛远。要明白:锲而不舍,金石可镂;锲而舍之,朽木不折。还要明白:千里之行,始于足下。

加藤信三是日本狮王牙刷公司的一名普通员工。有一次,加藤为了赶去上班,刷牙时急急忙忙,没想到牙龈出血。他为此大为恼火,上班的路上仍是非常气愤。

下班后,加藤跟几个要好的伙伴提及此事,这些伙伴也经常遇到这样的事情,于是他们决定一同设法解决刷牙容易伤及牙龈的问题。

他们想了不少解决刷牙造成牙龈出血的办法,如把牙刷毛改为柔软的狸毛,刷牙前先用热水把牙刷泡软,多用些牙膏,放慢刷牙速度,等等,但效果均不太理想,后来他们进一步仔细检查牙刷毛,在放大镜底下,发现刷毛顶端并不是尖的,而是四方形的。加藤想:"把它改成圆形的不就

在幸福的城市里，你幸福了没？

行了！"于是他们着手改进牙刷。

经过实验取得成效后，加藤正式向公司提出了改变牙刷毛形状的建议，公司领导看后，也觉得这是一个特别好的建议，欣然把全部牙刷毛的顶端改成了圆形。改进后的狮王牌牙刷在广告媒介的作用下，销路极好，销量直线上升，最后占到了全国同类产品的40％左右，加藤也由普通职员晋升为科长，十几年后成为公司的董事长。

牙刷不好用，在我们看来都是司空见惯的小事，所以很少有人想办法去解决这个问题，机遇也就从身边溜走了。而加藤不仅发现了这个小问题，而且对小问题进行细致的分析，从而使自己和所在的公司都取得了成功。

在问及一位诺贝尔奖获得者是什么让其获得成功时，他的回答却非常出人意料："我上幼儿园的时候，学到了一生中最重要的东西：要谦让，讲卫生，东西放整齐，做错事要道歉，要仔细观察事物。"

有人可能会说，这种小事怎么会给他这么大的启发，让他获得如此的成就？我想，这也许就是这些人和有所成就的人的不同之处吧，漠视细节，不懂得从易事做起，即使胸中豪气冲天，壮志凌云，也无法奢望获得什么丰功伟绩。

工作中，认认真真地对待每一件事，因为往往一件小事就能反映出灵魂深处的精神品质，一个人有没有责任感，往往不是体现在大事上面，而是体现在细微的小事之中。一个人，如果连芝麻大的小事都做不好，负不了责任，又如何去担当大事呢？

一家公司招聘，应聘者很多，各个精明干练，面试者一个个走进去之后，又一个个走了出来，每个人看上去都信心十足。其实，主考官只给他们出了一道简单的题目：你对工作的态度。一行人进门之后大谈特谈，而且回答得井井有条，然而结果却让人摸不着头脑，因为只有一个看起来非常平凡的应聘者被录用了。这是为什么呢？

　　面试官解释道：门口放了一把倒着的笤帚，每个面试者走进门口的时候都没有注意到这把倒着的笤帚，只有这个看似平凡的人，顺手将扫帚扶了起来，规规矩矩地将其放好，就是这个简单的动作，就能够说明他的工作态度。在众人之中，虽然不乏才华出众的人，他们将题目分析得很透彻，语言言简意赅，让主考官非常满意，但是，他们却没有看到倒在地上的笤帚，甚至从笤帚上迈过去，或是踢一下。对于工作态度这个问题，那个平凡的应聘者也回答了，他说："从小事做起，更能体现一个人的工作态度，也能显现出一个人对于工作的责任感。

　　仅仅从这个小的事例中我们也能看出，细节真的可以决定成败，尤其在当今这个人才辈出的社会，在应聘的时候，面试官也是很难判定哪个人更出色一些，但是，并不是每个应聘者都能注意到细节上的问题。比如，作为一名图书管理员，何为合格，能看到书上的皱痕和尘土，及时将皱痕抚平，及时擦拭尘土就是合格的图书管理员；作为一个合格的保洁人员，何为合格，能看到地板上的污迹，并及时将其擦干净。

　　认真做好每一件小事，其实就是在完成大事，如同涓涓细流，虽然不被人看重，但是条条涓涓细流汇集一处，汇集到大海，也就被世人所敬仰了。

　　一粒微尘，不被人在乎，不被人看重，即便是成百上千的微尘，可能也不能被人类看到，可正是这数以亿计的微尘，垒成了高山。

　　从自己做起，从身边的小事做起，不断地提醒自己，要认真地将身边的每一件小事做好，将细节之事做得更细微，只有这样，才会离成功更近，事情才会做得更加完美。

在幸福的城市里,你幸福了没?

# 第七章
# 放下执着,幸福就在松手的刹那

## 执着于贫富，你将永远看不到幸福

在电影《饭局也疯狂》中，范伟有一句非常经典的台词："幸福与贫富无关，与内心相连。"可在很多人的眼里，幸福＝金钱、财富、权力。

还记得那位四年级小学生的作文《金钱，我的最爱》里写道："钱不是万能的，但是没有钱是万万不能的。其实我也是个视金钱如粪土的人，但是今天的我却非常喜欢这种粪土。有人说钱乃身外之物，简直就是屁话。没有钱，你怎么吃饭？没有钱，你怎么穿衣？没有钱，你住在哪？没有钱，你怎么看病？"这篇"赤裸裸"的作文确实说出了很多人的"心里话"，没有钱，确实无法在世上生存，而且我们已经过了那种"只要谈钱就是丑恶的""钱是一切社会罪恶的根源"的阶段，凭自己的努力赚钱，让自己过上好日子已经成为一个人能力的体现。

我们并不批判财富，我们批判的是人们对于财富的态度。《论语》里有这样一段话：子贡曰："贫而无谄，富而无骄，何如？"子曰："可也。未若贫而乐，富而好礼者也。"大概意思是说，子贡问孔子：贫穷而能不谄媚，富有而能不骄傲自大，怎么样？孔子回答说：这也算可以了，但是还不如虽贫穷却乐于道、虽富裕而又好礼之人。

在这里，孔子为我们揭示了贫与富的境界：贫而乐——虽然贫寒，缺吃少穿，甚至饥寒交迫，但所求不高，所欲不多，"一箪食，一瓢饮，在陋巷，人不堪其忧"，自己却很快乐，实际上是"乐以忘忧"，是快乐到根本忘记

## 在幸福的城市里,你幸福了没?

了自己的贫寒;富而好礼——虽然富有,但却讲究礼节,人不分贫富强弱,"无寡众,无小大,无敢慢",凡事以理服人,以礼待人,形成一种行为习惯。

所以说,贫穷与富有,与幸福并没有太大的关系,最重要的是你的内心是否幸福,即范伟所说的"幸福与贫富无关,与内心相连"。

一位叔叔领着侄子到北方某肿瘤医院看眼疾,由于手术费太高,无力承担,只好沿街乞讨。某报记者获知此情况后,就将他们的处境写了长篇报道刊发在报纸上,呼吁社会各界给他们叔侄俩以帮助。没想到的是,这篇报道刊出的第二天,就有许多人来报社捐款。更没想到的是,竟有一个下岗工人,领着自己残疾的儿子来捐款。报社记者趁机采访这位下岗工人,问他为何在自己如此窘迫的情况下还要去救助别人。

那位下岗工人岁数并不大,但看起来苍老了许多。他只说了一句话,却让那位记者回味了许久:穷人再拿出一点来,还是穷人,这是不会改变的。不同的是,当我看到被救助的人眉头舒展开的那一刻,我感觉到了自己内心的富有。

当一个穷人懂得帮助另一个穷人的时候,我想他已经明白了幸福的真谛。

一个富人在他的回忆录中写过这样一个故事:有一天,他到郊外去看一片空地,想在那里继续扩展他的房地产业。就在他将要返程的时候,他看到了一块坟墓。那是很简陋的一块坟墓,坟丘上荒草摇曳。墓前,立着一块石碑,碑上刻着八个字:不名一文,唯余快乐。

或许,就是这样的几个字给了他某种触动。回来后,他便宣布暂停了自己的事业,领着父母以及妻儿一大家人开始环球旅行。那一次的旅行,他除了领略到数不清的秀山丽水外,更重要的是,在愉悦中,他也安享到了内心中的许许多多胜景。

当一个富人,懂得什么才是自己最重要的财富的时候,他也是幸福的。

其实,贫也好,富也好,只不过是人生的一种外在形式,只是生活水平好坏的差别而已,而幸福与否,却决定着人生的广度与长度,因为一个感觉不到幸福的人,看不到人生的精彩纷呈,也不可能长寿。如若一辈子为了贫富而苦苦纠缠,则浪费了上天给你的宝贵的生命。

故执着于贫富的人,是永远也看不到幸福的。

在幸福的城市里，你幸福了没？

 弱水三千，仅取一瓢饮之

《红楼梦》第九十一回，贾宝玉对林黛玉说："任凭弱水三千，我只取一瓢饮。"

《论语·雍也》中，子曰："贤哉！回也。一箪食，一瓢饮，在陋巷，人不堪其忧，回也不改其乐。贤哉！回也。"

贾宝玉之所以"只取一瓢饮"，是因为他知道在大观园中尽管姐妹众多，但只有林黛玉真正懂他；颜回之所以"一箪食，一瓢饮，在陋巷，人不堪其忧，回也不改其乐"，是因为他只注重志气，追求真理，其他的外物对他没有任何意义。而我们之所以活得累，就是因为我们不懂得"只取一瓢饮"。

人这一生，要经过很多事，见过很多东西，也要面临很多选择，我们不能肯定自己的选择每次都是对的，但在选择之前，我们一定要问问自己，哪条路才是最适合自己的，哪种选择才能不偏离自己的目标，离自己的目标更近？

井里的青蛙向往大海，请求大鳖带它去看海。大鳖平生第一回当向导，非常高兴，便欣然同意。一鳖一蛙离开了井，慢慢前行，来到海边。青蛙见到一望无际的大海，惊叹不已。它"呱呱"大叫，急不可待地扎进大海的怀抱，却被一个浪头打回沙滩，措手不及喝了几口咸水，还被摔得晕头

转向。

　　大鳖见状，就叫青蛙趴在自己的背上，带着它游海。一蛙一鳖漂浮在海面上，乐趣无穷，青蛙也逐渐适应了海水，能自己游一会儿了。就这样，它俩玩得很开心。过了一阵子，青蛙有些渴了，但喝不了又苦又咸的海水。它也有些饿了，却怎么也找不到一只它可以吃的虫子。青蛙想了想，对大鳖说："大海的确很好，但以我的身体条件，不能适应海里的生活。最要命的是，这里没有我能吃的食物。看来，我还是要回到我的井里去，那里才是我的乐土。"

　　于是，青蛙向大鳖告别，回到了自己的井中，过着平安快乐的小康生活。

　　青蛙知道以自己的条件，井里才是真正适合自己的，因为井里才有适合自己喝的水，适合自己吃的虫子，大海虽好，可待在大海里，自己不是被饿死、渴死，就有可能被其他的动物吃掉，所以它明智地选择了井里。

　　我们有一句流传了很广的俗语，叫作"宁做鸡头不做凤尾"，可是，并不是每个人都适合做鸡头，都能做好鸡头，像赵括那样只会纸上谈兵的人，只适合在温暖舒适的房子里高谈阔论，让这样的人来做鸡头，简直是鸡群的大灾难。再说，踏踏实实地做个凤尾也没什么不好，生活安乐、闲适，无世事的纷杂，无红尘的纷扰，是多少人梦寐以求的生活。

　　几个人在岸边垂钓，旁边几名游客在欣赏海景。只见一名垂钓者竿子一扬，钓上了一条大鱼，足有三尺长，落在岸上后，仍腾跳不止。可是钓者却解下鱼嘴内的钓钩，顺手将鱼丢进海里。

　　周围围观的人响起一阵惊呼，这么大的鱼还不能令他满意，可见垂钓者雄心之大。

　　就在众人屏息以待之际，钓者鱼竿又是一扬，这次钓上的是一条两尺

在幸福的城市里，你幸福了没？

长的鱼，钓者仍是不看一眼，顺手扔进海里。

第三次，钓者的钓竿再次扬起，只见钓线末端钩着一条不到一尺长的小鱼。围观众人以为这条鱼也肯定会被放回，不料钓者却将鱼解下，小心地放回自己的鱼篓中。

游客百思不得其解，就问钓者为何舍大而取小。

想不到钓者的回答是："喔，因为我家里最大的盘子只不过有一尺长，太大的鱼钓回去，盘子也装不下。"

明明只有三寸长的脚，偏偏要买五寸长的鞋，只因为五寸的鞋用的材料多，价钱却与三寸的一样，让买者觉得占了很大的便宜。而一个不知道自己适合什么，想要什么的人，就跟三寸的脚买五寸的鞋一样，虽然看起来是赚了，其实却是吃了大亏，因为穿比自己的脚大两寸的鞋，根本无法正常走路，最终的结果只能是重新买一双适合自己的鞋。而一个人，只有找到适合自己脚的鞋子，才能健步如飞，才能跳得更高，看得更远。

摆平心态，明白这一瓢饮足矣，一切都会豁然开朗，肩上的重担也会瞬间轻松很多，轻装上阵，愉悦一生。

##  世皆无形，莫执着，才能得到真正的果

有人说这个世界是水做成的，因为水没有固定的形状，所以这个世界也没有固定的形状，幸福也没有任何形状，正因为没有形状，你才无法固执地在一事一物上留下寄托。

释迦牟尼原先是位王子，16岁的时候他驾车出游，在皇城的东南西三门分别见到老人、病人和死尸，亲眼见到病痛和死亡的威胁，于是非常伤感和苦恼，接着他在北门遇见了一位得道的沙门，听说了超脱生老病死的法门，于是毅然决定出家。为了修成正果，他在尼连禅河畔的树林中开始修苦行，每天只吃一餐，后来七天进一餐，穿的是树皮，睡的是牛粪。因为他觉得这样做可以真正修成正果，可是执着坚持了6年，他的身体日益消瘦，就像枯木一般，可是仍然没有寻找到真正的超脱法门。后来，他放下执着心，安心地坐在菩提树下冥想，这才顿悟人生的生老病死，修成了正果。

其实，佛本就是无形的，一花一天堂，一草一世界，一树一菩提，一土一如来，一方一净土，一笑一尘缘，一念一清净，佛在各处，佛又在无处，你往花中去寻，往草木中去寻，往笑中去寻，只能是扑一场空，因为佛没有空相，没有具体的形态，你执着地从外事外物中来寻，只能是一无所获。

## 在幸福的城市里,你幸福了没?

譬如打坐参禅,打坐可以参禅,站着也同样可以参禅,只要心静,那么或坐或站或卧,这些根本没有任何区别,你觉得非得打坐才能修佛,那么实际上恰恰是忽视了佛的根本,这样自然难以成佛。

修佛的关键在于超脱,在于参透,佛家讲究看破红尘,这红尘就包括世界外物的万相,破开了这相,才能真正理解和领悟佛的真谛。修佛的境界在于"花非花,雾非雾",人生的境界也在于看花非花,看雾非雾,幸福可能是花,可能是草,可能是一颦一笑,可能是泪眼婆娑,那么我们感觉到幸福时,看花就等于看草,微笑等同于流泪,没有什么太大的区别了,因为这是同样的感受,你已经从外在的形式中超脱出来了。

归宗智常禅师佛法高深,很多人都慕名前来向他求教。某天,他正在给庄稼锄草,一位达僧来向他参问佛法。达僧刚刚进入田间,就看见一条蛇从他们身边爬过去,他有意避退几步,但是归宗却拿起锄头冲上去直接将蛇斩成两段。达僧非常惊讶,他万万没有想到人人敬仰的归宗竟然会触犯杀戒,于是他当面嘲笑归宗说:"我早就向往和敬仰归宗,可是你看起来就像一个不检点的粗和尚。"

见到达僧讥讽自己,归宗并不生气,只是淡淡地说:"到底是你粗,还是我粗?"达僧反问到:"你说的粗是什么?"归宗竖起锄头。达僧又问:"那么什么才是细呢?"归宗于是做出斩蛇的架势。达僧接着说:"要是这样的话,难道就应该照你那样去做?"归宗笑着说:"先不说到底要不要这样做,你什么时候看见我斩蛇呢?"

其实归宗早就做到了无形无相无我的境界,所以根本不存在斩蛇人,不存在斩蛇的动作,更不存在蛇,而所谓的蛇只是人的痴心和俗念。达僧没有达到这样的境界,所以所见的是杀戮的外相,所想的是杀戮的邪念,他没有从外物外相中超脱出来,所以他才没有办法修成正果。

在这个世界上,生命对于每个人只有一次。也许人活着应该像小河里的溪水,虽然平静无波,却有它顽强的生命力和战力。它能够经受暴风骤雨的侵袭,也可以坦然面对夏日骄阳的炙烤。它从来就不在乎世界怎么变化。生命就是平静中包含很多的活动和变化。人活着要有信念,但不要太迷恋、太执着。有时不妨顺其自然,对生命中的意外和阻挠不必过于强求,也许能够阻止住自己生命的脚步过快地到达终点。

为什么人会犯戒?因为他有所执着,如果没有任何喜欢或讨厌的执着,就不会犯戒。为什么人的心会散乱不定?因为执着某些事物。为什么人会没有智慧?因为他愚痴而执着某些事物。如果一个人能修证到"一切都不执着"的地步,他当下便能悟道、证果,得到终究的涅槃。

在幸福的城市里，你幸福了没？

## 愿舍弃，能舍弃，方能真正地觉悟

佛说："舍得者，实无所舍，亦无所得。"人似乎有这么一种本性：乐于获得而不愿舍弃。可是，人只有一双手，注定只能拿一样东西，必然要失去另外的东西。人只有一双眼，注定只能看一种风景，必然要错过更多的风景。人只有一双脚，注定只能走一条道路，必然要错过另一条路上的故事。我们常常因为不肯舍弃自己手里的旧东西，而失去了获取更多新东西的机会。比如工作，当很多个工作机会出现在你面前时，必定只能从中挑选一个，其他的机会就得舍弃。比如婚姻，恋爱的时候，可能会有很多选择，但是，和你共同踏上红地毯的只能是你最爱的人，你放弃了别人，才能收获你的最爱。有位哲人说过，如果把人一生中的获得和失去相加，得到的结果为零。也就是说，人从来到这个世界到离开这个世界，失去了多少，必然也就得到了多少。

从前，有一个国王对于金钱财宝非常痴迷，他对财宝的贪欲已经达到了不择手段的地步。

国王有一天突然想到了敛财的一个方法，他想：若是将全国的财宝全部归于我一个人该多好，将来即使死去也是有很多的财宝陪伴。国王费尽心思，终于他想到一个敛财的方法。

国王的一位公主非常漂亮，他为了获取天下的财富，便对外宣布，全国所有的人可以带着自己所有的财富求婚。国王的诏书刚刚下达，国人就兴奋不已。大家于是带着自己的财宝进入皇宫。国王就这样将很多的财宝骗到了自己的手里。

有一个非常年轻的小伙子也想向公主求婚，但是家里非常穷，什么值钱的东西也没有，小伙子为此愁眉不展。他的母亲见到儿子如此的伤心，内心非常着急，就偷偷对儿子说，你的父亲死的时候有一块金子在嘴里含着，你可以拿着这块金子去皇宫向公主求婚。小伙子听了非常高兴，马上将父亲的坟墓撬开了，结果在父亲的口中看见了黄金。

小伙子于是马上带着金子进皇宫。这件事被佛陀看见了，于是决定跟着小伙子进皇宫看个明白。小伙子进入皇宫之后，国王看到小伙子手中的金子便问道：全国的财富都已经在我这里，你的金子从何而来？小伙子不敢将实情说出来。这时佛陀出现了，他对国王说：这个金子是他父亲死的时候放在嘴里陪葬用的。他父亲死的时候连这一点金子都带不走，你又怎么能将全国的财富带走呢？国王听完佛陀的话，羞愧极了，意识到自己以前的思想是多么的愚蠢。

佛陀见到国王有所醒悟，便说道："若是你可以将财宝归还于你的子民，让他们重新获得希望，你自然会得到大家的崇敬与感激，这样无形的财富要比那些有形的财富强很多。"国王顿时知道了佛陀的意思，于是他打开国库，将自己骗取的不义之财归还给臣民，并且还经常开仓放粮，救济贫苦的百姓。

国王舍弃掉那些不属于自己的财富，但他得到了百姓的尊重与国家的太平，这是一笔不可估量的财富，这要比那些有形的财富强万倍。

一个人只一味地追求"得"，这还不算真正的成功，若想真正的成功，你必须学会适当地"舍"，因为适当的"舍"会给你带来更多的"得"。面对灯红酒绿的花花世界，若是不能对这些贪恋进行舍弃，你的生活怎么能

## 在幸福的城市里,你幸福了没?

获得快乐呢?当一个比你更加优秀的人出现的时候,当你被某些事物所吸引的时候,如果你一再执着地追求,而不是选择放弃,那么你如何获得别的东西呢?

一天,有两个朋友外出散步,他们的关系非常要好。在散步途中,他们同时看到了一包银子,可能有人不小心遗失的。这时,有一个出家的僧人也见到了银子,他念叨道:"这是邪物,会杀人的。"僧人说完便转身离开了。

这两人便对僧人嘲笑起来:"这个傻瓜!他居然视钱财是邪物,简直太愚蠢了!"于是对他的朋友说:"那个和尚一定是个白痴,人们都想方设法获得金钱,银子在他看来却是能杀人的!"另外一人也在附和着。

他们开始商议如何将这些财宝带回去。一个对另一个说道:"白天咱们回去必然不安全,晚上更方便一些。我在这里等你,你回去给我拿些食物,我们在这里吃过饭,等到晚上我们一起把银子带回去。"另一个人便同意了。看守者心中便想:"这些银子都归我一个人就好了!对了,等他来的时候,我用棒子将他打死,这些银子就都属于我了。"带饭那个人也在想:"回去之后我先吃饭,然后在菜中下毒,等他将有毒的饭菜吃下去,他一死,这些钱就属于我一个人了。"

回去拿食物的人刚回来,他就被另外一个人偷袭所杀,然后那个等候的人便对尸体说:"得罪了,朋友,这点银子咱们不够分的。"然后便将那人带来的食物吃得干干净净,结果很显然,这个人被毒死了。他死前方才知道:"银子原来真的可以杀人!"

佛经有言:"懂得放弃才会有所获得。"人的贪念不知道造成了多少人间的悲剧。如果我们对那些完全没有必要的东西过多地执着,最后可能失去了自己,真是得不偿失。人有时候放弃也是一种明智的选择,在人生之中也可以得到收获。放弃本身就具有很深的智慧，也是人生难得的一种财富。佛祖说过，懂得放下，就得到了，只有失去了最后才能得到。

在幸福的城市里，你幸福了没？

 ## 不要尽往悲伤里钻，想想有笑声的日子吧

　　人生不如意事十之八九，再乐观的人也有悲伤的时候，再悲观的人也有快乐的时候，悲伤与欢乐就像孪生兄弟，面貌一样，性格却完全不同。悲伤教给你的是心痛，是泪水，也有悲伤过后的坚强。欢笑教给你的是幸福，是笑脸，也有乐极生悲的逆袭。其实不管是悲伤还是欢乐，都是人生的经历。要想让自己的生活中多点笑声，就要懂得在悲伤中坚强，苦中作乐。

　　人生不如意的事情很多，但生活的色彩应当是明亮的，我们应该是笑着度过，纵使留不下花千树，纵使留不下月满楼，也要留下一张灿烂的笑脸，我们应该及时在生活中寻找更多的快乐。我们每个人都有快乐，也都有过快乐，为什么我们不愿意拿出来回味一番呢？如果你尝到了失恋的苦楚和悲伤，不妨回味一下初恋时的美妙和悸动，给自己留下一个美好的回忆。如果你面临巨大的失败，为何不想一想启程时的豪情满怀。生活也曾为我们留下美好，生活也会存在更多的欢笑，欢乐与悲伤总是相互依存的，当你跌倒在了路上，不要为前面未曾走完的路而懊悔惋惜，而应该为自己所走过的路自豪骄傲。人生需要半杯水的哲学：当你感叹自己只剩下半杯水时，为何不庆幸生活还为你留下半杯水呢？

　　其实，哭过，悲伤过，痛苦过，那么就应该拾起生活的信心重新上路，生活总归还是要继续的，为什么一定要沉浸在那些无可改变和挽回的悲痛

之中呢？既已发生就让它在生活中沉淀，就让它在泪眼中溶解，就让它被时间抛在身后。发生的就让它默默发生，失去的就让它轻轻失去，离开的就让它静静离开，过去的就让它安然地过去。做人不要太执着太在意，凡事洒脱一些，乐观一些，应该懂得珍惜眼前和将来的幸福，不要为那些痛苦的事情而耽误了自己的生活，不要为那些痛苦的事情而失去更多的快乐。佛经中有这样一句话："当你为一个人在佛前求了一千年的时候，还有另一个人同样在佛前为你求了两千年。"执着于那些错过的东西，你将错过更多幸福的东西。

有个青年因为爱人死了，觉得生活一下子没了寄托，自己也陷入到绝望之中，他无数次地想过自杀，以此来表明自己对爱情的忠贞，同时也结束自己痛苦的生活。有一次，青年跑到妻子的坟前痛哭，恰巧被路过的老和尚看见了，和尚见青年如此悲痛欲绝，就上前询问，青年如实相告，然后更加泣不成声。

老和尚同情了一番后问道："你在这儿痛哭，是因为没能好好珍惜和妻子在一起的时间，还是因为你实在是太爱她了？"

青年看了一眼老和尚，回答说："两者都有。我每天来着守着跪着，就是为了忏悔，为了弥补更多的缺憾，我觉得自己辜负了妻子。"

老和尚接着问："那你有孩子吗？"

青年点点头。

"那你爱你自己的孩子吗？"老和尚继续追问。

青年点点头说道："这孩子是我妻子生前最喜欢最疼爱的人了，我当然也喜欢孩子。"

老和尚于是生气地说："既然你有孩子，为什么不好好和孩子一起过日子呢？为什么不和孩子一起享受家庭生活呢？你因为没有好好珍惜妻子而悔恨，因为那份爱太深而痛苦，那么现在为什么不去好好珍惜你和孩子

在幸福的城市里，你幸福了没？

的感情呢？为什么不好好爱自己的孩子呢？与其为一个死去的人悲伤，为何不怜惜眼前的幸福呢？你将失去的东西牢牢抓着不放，而眼前拥有的东西却视若无睹，难道想重蹈覆辙？"

青年听到这番训斥后，犹如当头一棒，一下子就清醒过来，对啊，与其继续在坟上痛哭流涕，为何不回家照顾孩子，在孩子身上寻找往日的幸福快乐呢？青年于是谢过老和尚，发誓一定会重新振作起来，然后立即赶回家中。

做人应该放开胸怀，应该洒脱地看待人生，不要因为一朵花的凋谢，就悲伤绝望地错过整个花园的美丽，就悲伤地错过整个春天的姹紫嫣红，有花谢就会有花开。其实，即便我们一时之间面临种种不如意，但人生还会有下一站，下一站也还会有幸福，你放不开怀抱，你执着地在痛苦中挣扎，那么下一站还会是阴雨连天，还会是悲痛欲绝。

失意面前，我们更加要懂得珍惜那些眼前的幸福，更加应该重视当下的快乐，我们更应该记起生活的好，更应该向着美好的生活出发，更应该追求更多的幸福快乐，而这才是对失意人生最好的补偿。不要觉得人生灰暗无比，不要觉得生活暗淡无光，只是因为乌云暂时遮蔽了阳光，但是如果你因为错过了太阳而哭泣，那么你很可能会错过夜晚的明月和星光。

## 放得下那份痴心，才能得到属于自己的空门

如果你对一件事物仅仅存在喜爱之心，那么你的心中只有欢喜，可如果欢喜过度，那便成了痴心，痴心生妄想，妄想生恶果，我们的人生也便从此改变。

佛家将"痴"称为无明，意思就是说对某种事物或某个人达到了无休止、无限度地迷恋程度，使之成为一切烦恼的源头。

痴心太多而又得不到，怎么会不伤心难过呢？越得不到，则越想得到，越想得到却又越得不到，在这一轮轮的循环中，善念灭，恶念生，到头来却是一场空梦。

有只非常能干的乌鸦，它总是能在其他乌鸦觅食困难的时候找到食物。一天，乌鸦在觅食的途中听到了非常悦耳的歌声，那歌声让它心旷神怡，觉得自己好像到了仙境一般，它深深地陶醉在歌声之中。于是，它四处寻找声源，原来是不远处的一只黄鹂在唱歌。黄鹂优美动听的歌声，让乌鸦久久难以释怀。

乌鸦下定决心要拥有和黄鹂一样美妙的歌声，于是，每天从早到晚，它便站在枝头用自己嘶哑的"呀呀"声为森林伴奏。听着这让人难以入耳的唱歌声，森林里的动物头痛欲裂。

一天，天神下凡到森林里巡查，一进入森林，就听到了乌鸦嘶哑的"歌

## 在幸福的城市里，你幸福了没？

声"。他来到乌鸦的窝前，问乌鸦为什么不去觅食，却站在枝头制造噪音。乌鸦昂着头，自豪地说："因为我想拥有黄鹂鸟那样美妙的歌喉。"天神听后，笑着对乌鸦说："你是乌鸦，不是黄鹂鸟，你有你的长处，为什么要痴心于黄鹂的歌声呢？"

"我相信我自己，只要我自己勤加练习，一定可以拥有像黄鹂那样的歌声，我还要当森林歌王呢！"

看乌鸦如此倔强，天神摇摇头，走了。

天神走后，乌鸦继续站在树上嘶哑着嗓子唱歌。其他的动物终于忍受不了这种声音，慢慢地都搬走了，最后只剩下乌鸦一个继续在树上"唱歌"。

一天，一个猎人经过森林，听到了乌鸦难听的歌声，他拿出弓箭，射死了乌鸦。天神看到此情景，无奈地摇了摇头。

最终，乌鸦不仅没有成为自己梦想的森林歌唱家，反而搭上了性命，这都是痴心妄想所致。如果当初乌鸦能够听进天神的话，放下自己的那份痴心，依自己的长处生活，怎么会有这样的下场呢？

现实生活中，像乌鸦一样痴的人比比皆是。比如：很多父母明明知道自己的孩子对某一专业并不感兴趣，依然让孩子学习这个专业，只因为这个专业出来容易找工作，可却不知道自己的这种"痴"，对孩子来说是怎样的折磨。比如：明明知道对方已经不爱自己，可依然苦苦纠缠，甚至自虐，期待用这种方式留下对方，却不知自己的这份"痴"，只能让对方离你越远。生活告诉我们：有的事情，与其"痴心不改"，不如放手，这样反倒能给自己留下更多的空间。

有一条蛇爱上了一棵大树，但是大树无动于衷。蛇不甘心，想着终有一天会让树对自己动心，于是，蛇就用自己的身体缠住了大树，一缠就是十年。此时的蛇，已经不再像当年那样细小了，仔细观察就能在树上发现它的踪迹。

佛祖被蛇的痴心感动了，但是又知道蛇是不可能赢得树的心，因为命中注定，树要和啄木鸟在一起。于是佛祖对蛇说："你不要在痴痴地等待了，这棵树与啄木鸟有缘，它是不会和你在一起的，哪怕你再等一百年，也还是与它无缘。如今树已经不能再遮掩你的身躯，你暴露在世人的眼中是非常危险的。"

可蛇并没有听佛祖的劝告，因为它是那样的爱树。佛祖没办法，见此，只好无奈地走了。后来，啄木鸟来了，树对它一见钟情，整天在一起嬉笑打闹，啄木鸟替树除去身上的虫子，并且在树上筑了巢。蛇见此，伤心欲绝，它威胁树说："如果你不和我在一起，我就吃了啄木鸟。"树被逼无奈，只好同意和蛇在一起。

但是蛇并不满足，他希望树的心中只有自己，如果啄木鸟整天在树的面前出现，树怎么能对自己一心一意，蛇决定除掉啄木鸟。

一天，蛇对啄木鸟说："我们到小溪边走走吧。"于是，它们一起向小溪走去，那条小溪，是树不能观望到的地方。

因为长时间待在树上，蛇已经不习惯在陆地上行走，走了很久，它们才到达小溪边。蛇一下子缠住了啄木鸟，它面目狰狞，露出了毒牙，啄木鸟并没有表现出恐惧，它从容地说："即便你吃了我，树也还是不会爱上你的。"说完，闭上了眼睛，等待蛇的毒牙刺入脖颈，只听"哐啷"一声，缠着啄木鸟的蛇慢慢从啄木鸟的身上滑了下去，啄木鸟睁眼一看，是个农民，用锄头砍死了蛇。

农民说道："怎么蛇还要吃啄木鸟啊，啄木鸟可是保护树木的鸟儿，这条蛇这么大，一定害死了不少啄木鸟。"说完，扛着锄头干活去了。啄木鸟飞回了树的身旁。

在幸福的城市里,你幸福了没?

放下痴心,心才能不受折磨,才能得到属于我们自己的那一片天,试想,如果蛇从树上走下去,哪怕是在十年之后走下去,都有可能会遇到另外一条倾心于它的蛇,如果它能陷入属于自己的爱情之中,心中的恨、心中的苦也就都会消失了,轻轻松松、快快乐乐地过属于自己的生活。

 ## 别跟自己过不去，放自己一码

有个人工作压力很大，而且最近总是疑神疑鬼，怀疑自己被人跟踪了，可是每次他回头都看不见有人在身后，为此他很苦恼，日思夜想竟然患了重病。他向朋友倾诉这件事，朋友让他放宽心，下次好好看看是不是真的有人在跟踪，以免自己吓自己。他对于朋友的说辞感到不满，于是愤然离去。可是当他没走多远，就觉得又有人在跟踪自己，他于是故意低下头快走，想要摆脱那个人的跟踪。走了几步后，他突然发现地上有一个影子，顿时明白过来，原来自己一直担心怀疑的跟踪者竟然是自己的影子，原来自己一直以来都和自己的影子过不去，才给自己找了那么多的烦恼。

很多时候，我们也是如此，常常会觉得生活不如意，觉得没有什么事情是顺利的，觉得自己无论做什么都很勉强，很牵强。这些痛苦并不是别人带给你的，也不是社会强加给你的，而是你自己生生揽在自己身上的。我们总是和自己过不去，总是给自己制造障碍。有时候我们把世界上的事情看得太复杂了，其实生活很简单；有时候我们放不下心中的枷锁，为那些自己不需要不必要的东西劳神费心；有时候我们太看重名利，以至于我们常常为一时的得失焦躁不安；有时候我们为生命中的一点小瑕疵而斤斤计较，以至于给自己徒增压力；有时候，我们太过在乎别人的感受，所以总是不自觉地忽视内心真实的想法，从而让自己难过。

## 在幸福的城市里,你幸福了没?

当我们长吁短叹,当我们抱怨人生,当我们冥思苦想时,殊不知真正困住我们的是我们自己。正因为看不尽世事浮华,参不透人伦生死,辨不明是非善恶,我们喜欢强求,喜欢计较,喜欢执着,执着于得失,执着于名利,执着于自己的所见所想,执着地希望找到生活的捷径,却总是在迷惑中焦躁不安,所以到处都是隔障的阻碍,到处都是牢笼的束缚。我们太在乎别人的看法,在乎自己的得失,在乎人生的富贵,所以要背负的东西太多了,我们给自己强加的压力太大了,这样自然也就活得很累。我们扮演一个负重的苦力角色,扮演一个被关在笼子里的角色。

生活不要太刻意了,不要太执着了,困了倦了,不妨停下来休息一下,没人会让你继续坚持什么;累了乏了,不妨让自己轻松一下,何必强迫自己奋勇拼搏呢;失败了失落了,不妨给自己换一个想法,换一种心情,不用给自己"脸色"看。为什么非要为难自己呢?哪种活法更轻松惬意,就选择哪一种活法,怎样做能带来幸福,就选择怎样去做,没有必要执着在某一个不适合自己的东西上,这样只会成为生活的负担,只会让自己过得不快乐。

狐狸吃不到葡萄而说葡萄是酸的,我们认为这是自欺欺人,但这何尝不是一种自我解脱呢,它已经不再执着了,已经放弃了念想,而我们却还在争论中执念着不放,其实葡萄是否是酸的,真的有必要知道吗?狐狸放下了心结,而我们自己呢?是否也应该放下这种纠结和苦恼?其实,烦恼都是自己带来的,枷锁都是自己套上去的,牢笼都是自己定制的,给自己套上枷锁,你就无法行动自如;将自己推入囚笼,你就飞不上蓝天。我们之所以纠结难熬,从来不是因为生活太累,而是将自己逼得太痛苦了。我们渴望知道一个答案,渴望寻找一种解脱的法门,渴望让自己更加适应这个社会,可是这一切都成了一种执念,而执着心恰恰封闭了我们的思维,恰恰破坏了生活的美好。

## 禅境10课：唤醒你的幸福

慧海禅师是一个超脱之人，有人问他："都说您佛法高深，能够通晓世间的一切。"慧海禅师谦虚地摇摇头说："尚且不能。"来人非常好奇，于是接着问："这么说来，您难道也有什么看不开看不透的事情？"慧海禅师摇摇头说："没有。"这个人一下子就弄糊涂了，就问道："既然您不能够通晓一切，怎么会没有什么看不开看不透的事情呢？"慧海禅师解释说："我不知道的事情的确有很多，但从来不会和自己过不去，看不开的事情从来不去多想，所以没有什么是看不开的。"

想要消除烦恼，其实很简单，那些看不开想不开的事情，为什么一定要放在心上呢？那些不可得不可取的东西，为什么不安心地放手呢？生活没必要那么累，没必要自找烦恼，凡事放开胸怀，该放的就放下，该舍弃的就舍弃，该遗忘的就遗忘，该看开的就看开。心境自如的人，无论遭遇什么，无论面对什么，都能够放下心中的芥蒂，都可以做到潇洒自在。

为什么人生会有诸多烦恼，是什么在拖累我们，是什么让我们步履蹒跚，是什么让我们活得如此累？因为什么呢？如果生活转个弯会怎样？不要总是问为什么，这个世界没有那么多的为什么，没有那么多的因为所以，也没有那么多的如果。生活就应该简简单单，不要执着地把简单的问题弄复杂了，做人就应该坦坦荡荡，将那些烦琐的东西全部遗忘，将那些不属于自己的东西全部抛下，将那些看不开的东西全部放下。

放下是一种生命质量和生活质量的保证，佛说："每一个人都拥有生命，但并非每个人都懂得生命，乃至于珍惜生命。不了解生命的人，生命对他来说，是一种惩罚。"延展开来说，其实每一个人都拥有幸福，但并非每个人都懂得幸福，乃至于珍惜幸福。不了解幸福的人，幸福对于他来说，也会是一种惩罚。

其实，生活如此不易，何必再辛苦为难自己呢？看开一些，我们的生活才会更加豁达自在。有位哲人说："每个人身上都挂着石磨，挂得越多的人，他们的人生负重就越大，就沉沦得越深。"那么从现在开始，你不妨看一看，数一数，看看自己的脖子上到底挂着几个石磨？如果有，不妨轻轻松松地摘下它们。

在幸福的城市里，你幸福了没？

# 第八章
# 尽人事，听天命，顺其自然是最高招

禅境10课:唤醒你的幸福

 **让来的自来,去的自去**

龙山禅师曾写过这样一首诗偈:三间茅屋从来住,一道神光万境闲。莫作是非来辩我,浮世穿凿不相关。意思是说人生在世,虽然住的是简陋的茅屋,吃的是粗糙的食物,但是如果能以智慧去"观照"世间的功名利禄,以及人间的善恶是非,了解"荣华富贵"的短暂性和虚妄性,自能心地明朗适其所安;那么,茅屋土阶也是亭台阁榭,粗衣蔬食也是珍膳佳肴,因为心中悟道超然物外,世界是宽敞无碍海阔天空,此时世间万种的纷争纠缠,再也无法来扰乱我们悠闲的心境,世人千方百计的钻营巧取,也与我们毫不相干了。

人的一生,忧伤的时候比快乐的时候多。但这并不意味着我们一定就得哀哀戚戚地过日子。仔细想想,在我们的周围,每天都会听到一些坏消息,这些消息已经让我们无所逃遁,那为何不去找一些令人振奋的事情来替自己打气呢?

其实很多时候,随兴、随心、随缘就是快乐。

所谓随缘的人就是对于还没有发生的事情,会尽人事而听天命,但对于已经发生的事实,不会钻牛角尖,即使失败了,也只是自认倒霉。这样的人心灵上不会负载太多的压力,所以常常活得真诚而轻松,他们既不损人也不伤己,面对未来,他们有行动力;面对失去,他们承认失去。虽然承认失去会有痛苦,但他们明白走出痛苦前,得先愿意经历痛苦,他们也

在幸福的城市里，你幸福了没？

深深懂得，只有抱着积极的心态接受事实，才能拥抱未来。

1954年，巴西的男女老少几乎一致认为，巴西足球队定能荣获世界杯赛的冠军。然而，天有不测风云，足球的魅力就在于难以预测。在半决赛时，巴西队意外地输给了法国队，结果没能将那个金灿灿的奖杯带回巴西。球员们比任何人都明白，足球是巴西的国魂。他们懊悔至极，感到无颜见江东父老。他们认为球迷们的辱骂、嘲笑和扔汽水瓶子是难以避免的。

当飞机进入巴西领空之后，球员们更加心神不安，如坐针毡。可是，当飞机降落在首都机场的时候，映入他们眼帘的却是另一种景象：巴西总统和两万多名球迷默默地站在机场，人群中有两条横幅格外醒目："失败了也要昂首挺胸！""这也会过去！"球员们顿时泪流满面。总统和球迷们都没有讲话，默默地目送球员们离开了机场。

四年后，巴西足球队不负众望赢得了世界杯冠军。回国时，巴西足球队的专机一进入国境，16架喷气式战斗机立即为之护航。当飞机降落在道加勒机场时，聚集在机场上的欢迎者多达3万人。在从机场到首都广场将近20公里的道路两旁，自动聚集起来的人群超过了100万。这是多么宏大和激动人心的场面！

人群中也有两条横幅格外醒目："胜利了更要勇往直前！""这也会过去！"

巴西的球迷充满生存智慧，他们深深地认识到：对既成事实要尊重，但不要执着；尊重是好好运用人生的价值，执着就会烦恼、痛苦。

生活需要触碰，而不是紧握。有时候你需要放松，让生活顺其自然，不要过分担心，也不要过于细致的规划。学会放松一点，不要握得太紧。深呼吸，尘埃落定时你会再次看见森林中的树木。

## 禅境10课：唤醒你的幸福

世界建筑大师格罗培斯设计的迪斯尼乐园马上就要对外开放了，然而各景点之间的路该怎样连接还没有具体方案。格罗培斯心里十分焦躁。巴黎的庆典一结束，他就让司机驾车带他去地中海海滨。

汽车在法国南部的乡间公路上奔驰着，这里漫山遍野都是当地农民的葡萄园。当他们的车子拐入一个小山谷时，发现那儿停着许多车子。原来这是一个无人把守葡萄园，你只要在路边的箱子里投入5法郎就可以摘一篮葡萄上路。据说这是当地一位老太太的葡萄园，她因无力料理而想出这个办法。谁知在这绵延上百里的葡萄产区，总是她的葡萄最先卖完。这种给人自由，任其选择的做法使大师深受启发。

回到住地，他给施工部拍了份电报：撒上草种，提前开放。在迪斯尼乐园提前开放的半年里，草地被踩出许多小道，这些踩出的小道有宽有窄，优雅自然。第二年，格罗培斯让人按这些踩出的痕迹铺设了人行道。1971年在伦敦国际园林建筑艺术研讨会上，迪斯尼乐园的路径设计被评为世界最佳设计。

每一个人所走的路不同，得失千差万别，得意的时候要淡然，失意的时候要泰然，生活奋斗中还要顺其自然，这需要一种磨炼，一种定力，一种修养，而绝非一日所能达到的境界，但只要能做到失败泰然，荣辱坦然，顺其自然，并把它看作是"天将降大任于斯人也"你就会愉快地度过其一生！

三毛曾经说过："生活，是一种缓缓如夏日流水般地前进，我们不要焦急我们三十岁的时候，不应该去急五十岁的事情，我们生的时候，不必去期望死的来临，这一切，总会来的。"生活本没有什么好坏之分，只是每个人自己的心中都有一个天平，过得好与坏、幸福与痛苦，都是自己把握的。外界的因素虽然会对人的心情产生一定的微妙的影响，但最终的决

在幸福的城市里,你幸福了没?

定权却是在你自己的手中。你的心态平和,看开了喜怒哀乐、聚散离合,也就看开了生活。生活,很多时候,活的是一种心态,看开些,顺其自然就好!

##  凡事不强求，尽力则足矣

古巴的一位短跑名将在某次国际赛事中只获得了第六名，让人颇为失望，赛前看好他的许多粉丝和观众都无法忍受这样糟糕的成绩，于是对他进行辱骂和人身攻击。退出场地后，有位古巴记者甚至不怀好意地对他进行采访："请问，跑出这么难看的成绩，你该如何面对支持你的观众呢？"这位短跑名将沉默了一会，礼貌地说："我没有必要耿耿于怀这样的结果，我从来不强求自己做那些可能做不到的事，而且我确实已经尽力了，我自认今天对得起所有的观众。"

可这世上，又有几人能面对失败如此淡然呢？自己熬夜做出来的方案，却被老板批得一无是处，辛辛苦苦奋斗了几十年的事业，一场金融危机，便一切成空，面对这些，我们的心是多么的不甘，多么的痛苦。可是静下心来，我们细细地思量，其实，自己并没有损失什么，被老板批得一无是处的方案，起码让我们明白了自己的差距在哪里；事业没了，但经验还在，凭着自己这些年的积累，用不了多久，失去的一切还会回来。

人生在世，我们更应该看重的是过程，而不是结果。如果我们的眼睛只盯着结果，那么每个人最终的结果都是化为尘土；如果你每天忧心于这个结果，那你将错过多少人生的乐趣，这几十年，你也怕是白来了世间一场。

## 在幸福的城市里,你幸福了没?

人活一世重要的是经历,苦也好,乐也好,过去的不再重来,追忆过去只能徒增伤悲,当你掩面叹息的时候,时光已逝,幸福也就从你的指缝渐渐地溜走,忘记无缘的朋友,忘记投入不能收获的感情,忘记花开花落的思绪,忘记夕阳易逝的叹息,忘记一切不该想起的东西,对万物万事不要刻意追求,否则很难走出患得患失的误区,生命要升华出安静超然的精神,懂得放弃、学会忘记也就收获了幸福。

台湾著名散文家林清玄早年曾经遭遇失恋的打击,相恋五年的女友在咖啡厅里突然向他提出分手,他苦苦哀求女友能够留在自己身边,甚至当着众人的面给女友下跪,可是女友最终还是头也不回地离开了。这件事让林清玄大受打击,他每天都活在抑郁和悲伤之中,后来他决定跳海自杀,为此他还制定了一个唯美的自杀计划。可是当他准备殉情的时候,一个路过的僧人救了他,并且劝说他放开怀抱,不要对逝去的尘缘念念不忘。

经过一番劝说,林清玄终于醒悟过来,觉得爱情原本就不能强求,哪怕自己死了,也无法挽回女友的爱。几年后,林清玄再次交上了女朋友,可是没过多久,女友向他提出了分手,这一次是在茶馆。不过林清玄表现得很安静很淡定,他没有哀求,也没有任何痛苦的表情,只是默默地对女友说:"只想请你等一下,等我喝完这杯茶。"

只要我们尽力去做了,就没有必要非得完美无瑕;只要尽力去拼搏了,就没有必要非得功成名就;只要尽力去爱了,就没有必要非得天荒地老。人生只要付出了努力和真心,那么一切都值了,那就应该无怨无悔,就应该释然地放手,给自己一个解脱的机会,也给自己一个重新上路的机会。徐志摩说:"得之,我幸;失之,我命。"人要懂得尽人事,也要懂得知天命,命里如果没有这份缘,那么我们实在没有必要强行续上这段缘,且不说能不能续上,即便续上了也绝对不会幸福。

## 禅境10课：唤醒你的幸福

很多时候，我们渴望走得更远，渴望生活得更加完美，渴望自己能够心想事成，可是生活的幸福并不是以这些量上的标准来衡量的，也不是以最终的结果来评判的。我们尽力去做的目的并不是只求一个饱满的数据和结果，而是为了让自己的生活更加充实，而是为了实践内心的承诺，而是为了那份热爱和真情。如果你在尽力的时候已经付出了真心，已经感受到了快乐和幸福，那么最终结果的好坏，最终得失的多少究竟还有多重要呢？如果自己感觉不快乐，那么得到了又能怎样？生活并不是一个成王败寇的世界，尤其是对你自己。只要尽力了，一切就都是值得的，一切的努力就都有意义。

有个小和尚每天晚上半夜了都还在佛堂里念经，正好被巡夜的老禅师撞见，老禅师觉得很奇怪，于是就前去询问："这么晚了，你怎么还在这里念佛经。"小和尚于是恭恭敬敬地起身施礼，回答说："因为我自觉佛性不够，还要多念些经书。"老禅师笑着说："那么你觉得怎样的佛性才算是足够了。"

小和尚天真地摸了摸脑袋，不好意思地说："在我看来，您的佛性就足够了，因为您每天打坐的时候，都能念完三卷佛经，而我每天都只能念诵两卷，所以每天晚上要坐在那里多念诵一卷。"老禅师于是问他现在到底累不累，小和尚微微点了点头，不过仍然表示要坚持把剩余的佛经念完。

老禅师微微一笑："既然累了，为何不去休息呢？佛无长短和多少，那么你没有必要去强求什么。佛经只是外在形式上的东西，你想念时便可以念，不想去念诵的时候，也无需去念，只要诚心向佛，只要心中起了佛，那么无论念多少都是佛。"

人生最重要的就是全力走好自己的路，至于走到什么程度，走向了哪里，我们何必太在乎，太强求呢？做人应该像蒲公英一样：如果风将我吹

在幸福的城市里，你幸福了没？

到山间，我就在山间落地生根；如果将我吹到田里，我就将种子播在田里生长；如果风将我吹到河流中，我就沿着河水开始新的旅程。无论能走多远，无论能够走到哪里，这都是一种缘分，也都是生活的一种安排和馈赠，我们没有必要去计较长短，没有必要去计较得失，没有必要去计较那些遗憾。

生活原本就会存在缺憾，而那些缺憾往往才是最自然最美丽的，你强求着修补它们，实际上恰恰破坏了最本质的东西。凡事都不应该过分强求，这样才不失生活原有的风味，正所谓强扭的瓜不甜，强求的幸福生活其实也不甜，你越是不肯放手，越是在乎那些缺憾，就越是给自己增加痛苦，越是给生活增加负担。我们的幸福千万不要被那些不属于自己的人生绑架，幸福如果是为我们而生的，我们就要开心地感激它；如果为别人而生的，我们就坦然地去祝福它。

## 得意淡然，失意泰然

有人说："中国的士人，大多是酒鬼，一半在酒中放歌，另一半在酒中沉沦。"确实，得意时把酒言欢狂歌笑傲，失意时半点泪花十年苦痛，所以中举的范进疯了，失意的信陵君沉沦了。因为他们的定力不够，因为心气浮躁，所以自己常常会跟着外在的变化起伏不定。其实世间的荣荣枯枯、浮浮沉沉，我们又何必去多做计较呢？这些只是生活中的一部分，你跳不出生活的隔障，终究只不过是自寻烦恼而已。林清玄说人生当有这样的一种境界："以清净心看世界，以欢喜心过生活，以柔软心除挂碍，以平常心生情味。"

事实上，你成功时，生活并没有给你多带来一口清新的空气，没有为你多带来一天春光明媚，没有为你多带来一个知心朋友，没有为你多带来一份心境澄明。当你失意的时候，你没有失去春的美，没有失去秋的意蕴，没有失去窗台的风，没有失去枕边的梦，没有失去二十四小时中的一分一秒。你觉得自己得到了什么，觉得自己失去了什么，可是那些终究不过是身外的俗物，它们从来不曾属于你，所以何来得到，又何曾失去呢？

人生得意时无需窃喜，人生失利时无需暗忧，这一场欢喜一场忧，不过是一场场滑稽的闹剧，最终烦恼的只是自己，劳累的也只是自己。其实，生活的是非得失，恰如隔岸观水，任它水下是群鱼嬉戏，任它波底是暗涌翻滚，我们只看它水平如镜。只要心静，只要足够淡定从容，那么人生就

## 在幸福的城市里,你幸福了没?

无所谓顺境逆境,无所谓得与失,无所谓成功失败,有的只是生活,平平淡淡却真真切切,而生活就该让淡定成为一种习惯。佛说世间一切都是身外之物,一切都是如雾如电的幻影,得意时是空,失意时也是空,什么也没有得到,什么也没有失去,人生是得是失都不妨淡然地一笑而过。

五代十国是中国历史上佛教比较兴盛的时期,各国都比较信佛尊佛,但是因为战乱不断,所谓的尊佛往往是短暂的,很多君主一方面大肆信佛,另一方面又对僧人进行屠戮,反差特别大。惠恒禅师就出生在那样动荡的年代,因为悟性很高,精通佛法禅学,他成了王公贵族的座上宾,经常有名人显贵前来拜望他,他的名望非常高,就连许多君主都亲自接见他,甚至进行封赏。这一段时间是惠恒禅师最为得意的时刻,自己的佛学得到了极大传播,自己的声望也达到了顶峰,在很多教徒眼中,他甚至可以称得上是佛的代表。

因为惠恒禅师受到大家的尊重,他的几个弟子也跟着春风得意。有一次,大弟子对禅师说:"师父,修佛之人若能到达你这样的境界,那么才算得上是不枉一番潜心修炼。"禅师听了根本就无动于衷,他只是淡淡地回了一句:"我修的是佛,也只是在修佛而已。"

世事如白云苍狗,十年之后,战乱迭起,政权交替,新来的君主决定驱逐和屠戮那些僧人,很多僧人因此都成为了政治的牺牲品,惠恒禅师幸运地躲过了一劫,但是他已经不是原来那个闻名天下、受人敬重的禅师了,而是一个被人夺了庙而四处云游的野和尚,开始颠沛流离的生活,即便站在人群之中,也不会有人认出他来,更不会有人毕恭毕敬地尊称他一声"禅师"。想来前生志得意满,如今却如此落魄,实在让人唏嘘,他的弟子们大多走的走,散的散,惠恒禅师已经失去了往日的魅力。

这时候,大弟子不忍见到师父因为落魄而备受打击,所以一直伴随左右,始终没有离开。有一天,惠恒禅师对大弟子说:"你跟着我受了不少罪,为什么不离开呢？你可以自己找个安生之所，或者还俗回乡也行。"大弟子回答说："师父说的什么话，如今您沦落至此，我怎么能够离开？"惠恒禅师微微一笑："我一直都只在修佛啊！时代变了，人也变了，可我的佛心还没有变。"

中国历史上唯一的女皇帝武则天，生前霸道，也很有野心，可是死时却全部顿悟，命人立下无字碑，是非功过全然不在乎了，全部留给后人去评说。结果"一字不着，尽得风流"。境界比中国其他那些帝王要高出不知多少。

有人将人生总结为三种境界，第一种是"看山是山，看水是水"的境界，这是孩子般的世界感官认识，眼中见到什么就认定是什么，没有任何多余杂芜的单纯想法；第二种是"看山不是山，看水不是水"的境界，人生风风雨雨走过一遭之后，对于这个复杂善变的世界有了一定的感悟和理解，产生了一种复杂犹疑世界观，出于自我保护，人们不再轻易相信自己眼睛所见到的东西，所见非人，所闻非物；第三种是"看山还是山，看水还是水"的境界，这是看破世事后的洒脱与豁达，人生的一切都经历了，也都看开看透了，此时的心境已经完全归于平和澄明，返璞归真。人生需要这种返璞归真的心态，需要明见心性看开看透世间一切外在的空相。

"生亦欣然、死亦无憾。花落还开，水流不断。我今何有，谁欤安息。明月清风，不劳牵挂。"人生不为形奴役，不为物奴役，不为空相奴役，无论世事如何变幻，无论生活如何起伏，我们仍然做着自己，我们仍然过着自己的人生。任凭外面的世界如何芜杂，任凭生活如何变幻起伏，然而生活就是这样，这就是真实的生活。所以每个人都要为自己保留一个相对平静的世界，都要为自己留下一片澄明淡然的心境，将人生的苦乐放在一边，人生的得失放在一边，人世的浮华落寞放在一边，繁华的自让它去繁华，荒芜的且让它独自荒芜，一切都与我们无关。

在幸福的城市里，你幸福了没？

苏东坡说："且趁闲身未老，尽放我、些子疏狂。"人生需要这一份洒脱和超脱，需要超脱任何外在形式上的拘束，让胸怀更加开阔，让心灵更加自由，让人生不粘不滞，挥洒自如。道引禅师也说过："人生百态不过是阴晴晦明，如是清风朗日，会是山地间步行观景；如是阴雨连天，且不妨草庐中做吟枯禅。"人生得意何妨，失意又何妨，生活还在继续，佛还在继续。

##  拥有赞叹、欢喜心，是拥有幸福人生的秘诀

佛曰："别人胜过我，比我好的，我要敬重他，不能有傲慢，不能有嫉妒，你要懂得尊重，要懂得敬爱。一个人，如果学会了赞叹别人，拥有一颗能够因为别人的成功而欢喜的心，才能拥有真正的幸福人生！"

自私是赞美的天敌，在渴望得到别人赞美的同时，我们应该学会欣赏别人的优点，学会赞美别人。赞美别人是豁达容人的一种表现，既能给他人带来快乐，也能给自己带来快乐。对别人的一声赞美，不仅会让别人信心百倍，心情舒畅，而且自己也会感受到快乐的氛围。

有一次，卡耐基去纽约一家邮局寄信，发现那位管挂号信的职员对自己的工作很不耐烦，便下决心使他快乐起来。于是，他开始寻找这位职员值得欣赏的地方。轮到卡耐基发信时，他双眼注视着那位职员，很诚恳地对他说："你的头发太漂亮了。"那位职员抬起头来，惊讶地看着卡耐基，脸上出现一丝快乐的微笑。于是他开始和卡耐基愉快地交谈起来。

走出邮局后，有人问卡耐基为什么那样做。卡耐基说："什么也不为。如果我们只想从别人那里得到什么，而不愿为别人付出一句赞美，给别人带来一点快乐，那也无法让别人感到我们的真诚。如果一定要说我想得到什么的话，那就是一种无价的东西，一种永远给我带来满足感的东西。"

## 在幸福的城市里,你幸福了没?

在生活中,有时一味的责备和批评往往只会带来更大的怨怼和不满。如果你的目的是为了让状况改善,为什么不试试用夸奖的方式呢?由衷地赞美,是人生中最令对方温暖却最不令自己破费的礼物,它的价值也是难以估计的。当你用心观察到对方的优点,并且发自真心地表达赞美,友善的关系便在一言一语中逐渐建立、积累。

一个公司里有孙、张两个人闹了矛盾。一天小张对她的同事李先生说:"你去告诉孙小姐,我真受不了她,请她改一改她的坏脾气,否则我再也不会理她了。"李先生说:"好,我会处理这件事。"之后,当张小姐遇到孙小姐的时候,果然觉得她不再那么盛气凌人了,而且还主动地跟张小姐友好地打了招呼。在以后的日子里,孙小姐变得和气又有礼貌,与从前相比,简直是变了一个人。张小姐就向李先生表示谢意,并且好奇地问:"你是怎么说服她的?"李先生笑着说:"我只是跟孙小姐说,'有好多人都称赞你,尤其是张小姐,说你又温柔又善良,不光人长得漂亮,脾气也好,人缘也好!'如此而已。"

赞美别人,可以使我们的心灵在欣赏与赞美中得到净化。赞美别人,可以使我们的内心洋溢着爱,从而建立健康和谐的人际关系。如果经常赞美别人,便会发现我们身边有太多美好的东西,我们的生活充满了阳光,会发自内心对生命、对生活充满感激。在这个节奏飞快的年代,在这个无暇沟通的生活环境中,学会赞美别人,人与人之间便会多一份理解,少一点戒备;多一份温暖,少一点冷漠;多一份融洽,少一点隔阂。

##  别被规矩束缚，随缘也是自在

大家都知道，佛门弟子是禁止饮酒和吃肉的，可有一个和尚却既喝酒又吃肉，但是他的修行高深，被列为禅宗第五十祖，这个和尚就是众所周知的济公。济公经常说的一句话就是"酒肉穿肠过，佛祖心中留"，他不受戒律拘束，嗜好酒肉，举止似痴若狂，却好打不平、扶危济困，学问渊博、行善积德。他所修的佛与别人修的一样，但他的修行却比别人高出许多。

有个得道的老和尚四处云游，希望增加自己的佛法修为。有一次，他在路边看见一个僧人正在喝酒吃肉，可是与人说话时却一口一句"阿弥陀佛"。老和尚觉得对方只不过是一个到处招摇撞骗的假和尚而已，于是走上前去问话："请问你是和尚吗？"

僧人看了他一眼，也不双手合十行礼，只是把酒杯一放，开开心心地回答："是。"老和尚接着问："我听说和尚是不喝酒不吃肉的，那你是哪里的僧人，你为什么吃肉喝酒？"

"因为我吃的不是肉，喝的不是酒。"僧人从容地回答。

"怎么不是肉和酒呢？你自己看错了，难道我的眼睛也看错了吗？"

僧人笑着回答："修佛之人所见的一切都是幻象，花非花，雾非雾，肉不是肉，酒也不是酒。即便是真的酒肉，那我也是修酒肉的佛。"

"既然如此，那你修的佛还需要念经诵佛，打坐参禅吗？"

在幸福的城市里，你幸福了没？

僧人摇摇头。

老和尚接着问："为什么你不念佛诵经，为什么不打坐参禅？"

僧人淡然地回答说："佛让我闭口不说，我就静心冥想，佛让我站着修禅，我自然不会坐着了。"

老和尚听了只想笑："那为什么佛没有让我也这样做呢？难道你觉得我这样修的不是佛吗？"

僧人放下酒杯，笑着回应："当然不是，人人都修自己心中的佛，只不过我修的是大千世界中的活佛，你修的是佛经上的死佛。"说完之后，提起酒杯大口嚼着肉离去。

老和尚听了惭愧不已，感叹道："他没有被这些东西困住，倒是我的佛心被困住了。"

一个人的心，一旦走入固定的模式，就会钻牛角尖，像装在套子里的人。规矩是人定的，当然也会随着人的改变而改变，如果一味地守着规矩做事，一个人是很难有所成就的。

当然，想要做到随心意而活，的确很难，生活中总有太多的规则在束缚我们，使我们不敢去想，不敢去做，不敢去爱，不敢去恨，不敢表现最真实的自己，不敢表现最真实的感情，不敢表现最真实的声音，不敢表现最真实的心意。每次作出决定之前，总是放不下自己的面子，放不下自己的身份，放不下世俗的牵绊，放不下外界的期盼和评价，我们的一举一动都是程序化的，我们的一言一行都没有超脱世俗的规范，我们的一言一行都是强迫地摆在聚光灯下做给别人看的。

难道这样活着不觉得很累吗？难道给自己套上各种枷锁，给自己关进囚笼，这才是自己最想要的生活吗？有位哲人说："这个世界是个大笼子，而人心是小笼子。"我们被困锁起来，如何才能轻易逃脱呢？总是会有一些声音时时鞭策我们"最好不要这样去做""不能这么去做""这样做不划算""不能太由着性子",我们被社会规则、被大众的评审眼光压得喘不过气来,被大众的审美观念牵着鼻子走。

其实我们想得太多了,考虑的东西也太多了,你在为别人而活,你在为这个世俗的世界而活,只会让自己失去独立自主的能力,只会让自己随波逐流,失去人生的方向。你忽略了自己最真实的想法,忽略了最真实的生活方式,我们自己将问题弄得复杂多变,也给自己增加了许多不必要的烦恼。我们应该过自己想要过的生活,应该抓住自己想要抓住的幸福。只要不违背良心和律法,那么一个人应该义无反顾地追求自己想要的东西,哪怕失败了也无怨无悔,重要的是自己去做了,重要的是给自己一个最诚恳的交代。

如果爱一个人,就勇敢去表白,就勇敢去追求,不要有太多的顾虑。考虑家庭背景,考虑年纪的差距,考虑别人的看法,考虑生活条件,考虑性格的融洽度?这些是否有必要呢?你想得越多,困惑和疑虑就越多。人生就应该自在一些,缘分来了,为什么一定要克制自己呢?为什么要为那些不相干的东西多做思考呢?其实两个人相爱根本没有必要弄得那样复杂,爱情原本就非常简单。想做就要去做,如果瞻前顾后,左右摇摆不定,最终只会白白浪费时间,只能让自己更加痛苦。

其实,无论做什么,都要跟着自己的心走,跟着自己的感觉走,只要认为合情合理,自己想做什么就会去做,不要受到各种各样的规则制度的束缚,也不要存在任何思想包袱。你应该时刻提醒自己:这是自己的生活,这是自己追求的幸福,这是自己掌控的人生,没有任何东西能够干扰你做出决定,没有任何东西可以剥夺你对生活的控制权,没有任何东西可以操纵你的人生。我们每一个人都是绝对自由的个体,都有自由追寻的权利,我们都应该自在地活在自己编织的梦想里,无论是成功还是失败,无论会遭遇多少磨难和阻碍,我们都应该为自己的决定鼓掌加油,因为我们终究在为自己活着。

在幸福的城市里，你幸福了没？

　　既然想要飞翔，就不要在乎飞往何处，就不要在乎以何种姿态飞行，有一双翅膀，有一颗追寻自由的心，那就足够了，那么不妨放下一切杂念，跟随自己的心去飞翔。不要太在乎别人说什么，不要被他人牵绊住自己的想法，走自己的路让别人说去吧！都说人生如戏，戏如人生，既然是戏，那么我们就没有必要太看重规则，没有必要那样认真，做人还是随性一点，要跟着自由的心走动，如果认真，那你就输了！

在幸福的城市里，你幸福了没？

# 第九章
## 耐得住寂寞，人生才不会失所

##  认知真我，才是摆脱迷途的开始

在一个电视节目中，主持人向台下的观众抛出这样一个题目："我是谁？"很多人听到这个题目都暗暗发笑，我不就是我自己吗？我有名字，有身份证，有户口，有社会的定位，有角色的证明，可是，这些真的能够说清楚我们是谁吗？我们有各种各样的头衔，局长、企业老总、作家、音乐家、当红明星、知名律师，等等，可是这些头衔就能证明你是谁吗？去掉身上的这些头衔，你是否还认识自己？除此之外，我们每天还在扮演着不同的角色：父亲、丈夫、儿子、情人、商人、导师、领袖、君子，等等，面对这些形形色色的面具和脸谱，你是否分得清哪张才是真实的你？你又是否演过最真实的自己呢？是否愿意演回最真实的自己呢？

或许有一天，我们真该好好静下心来想一想，"我是谁？"张三李四？一个名字？一个多重角色的人？一个没有任何地位的角色？褪下那些头衔，抛开那些角色，我们会是谁，会是怎样的人。我们应该清楚地了解真正的自己，了解真我所处的生活状态。然后才能知道自己真正喜欢什么，需要什么，想做什么。

有个年轻人被人称为万事通，也就是没有什么事是他不知道的，可他却一点也不快乐。他去找佛陀诉苦，佛陀将他带进一个山洞，指着一尊雕塑问他："你知道这是谁吗？"年轻人远远看了一眼雕塑，觉得有些眼熟，

在幸福的城市里，你幸福了没？

但实在想不起来。他觉得雕塑的样子张牙舞爪、面目狰狞，心想这应该是个魔鬼。于是他告诉佛陀说："这是一个魔鬼。"

佛陀摇摇头，让他再次认真看个清楚。年轻人左看看右看看，还是觉得有些眼熟，不过这次他没觉得雕塑张牙舞爪，而是姿势怪异，但表情严肃，他心想这可能是个正在生气的正人君子。于是告诉佛陀说："这大概是一位君子吧！"佛陀听了连连摇头，对他说："你为什么不安安静静地看个清楚呢？"

年轻人只好再次仔细观察雕塑。这一次，他看见雕塑的手中拿着一本书，心想这一定是个饱读诗书的才子，于是告诉佛陀说："我觉得他是个大才子。"佛陀仍旧不停地摇头。

就这样，年轻人一遍又一遍地观察雕塑，一会儿说这是一个开心的手舞足蹈的人，一会儿说是位怒发冲冠的将军，等等。可佛陀每次听了都是摇头，让他继续观察。年轻人实在受不了了，恳求佛陀告诉他这个人到底是谁。佛陀叹了一口气，对他说："这尊雕塑其实就是你自己呀！只不过是你只看到了它每一个方面的特征，却不曾想过最本质的东西。"年轻人听了大吃一惊，怪不得觉得雕塑很是眼熟，但不敢确定，原来竟是自己，不禁羞愧难当。

现实生活中，我们又何尝不是如此，仅仅看到自己或者别人的一方面，就草率地为自己或者别人下了结论，却不知道或许你看不到的那一面，才是自己或者别人真实的面孔。诗人梭罗提着斧子孤身走进瓦尔登湖的丛林之中时，别人都说他是疯子，是因为别人只看到了他疯狂的一面，那他自己呢，两年零两个月又两天的独居生活，他又是否找到了真正的自我呢？

尘世的生活光怪陆离，丰富多彩，有数不尽的高楼大厦，有光彩炫目的金银珠宝，有华贵漂亮的华服，或许还有别人艳羡的目光，你便沉湎于其中，不知自拔。可是当某一天，你清醒过来时，你却发现，你并不需要那么多的财富,也不想整天生活于镁光灯下,这繁华的世界,于你只是一种累赘、负担,你只想过最平凡的生活,只想做最简单的事,只想寻找最纯粹的快乐,只想追寻最真实的感情,只想做最真实的自己。

生活令我们迷失得太远,令我们沉沦得太深,我们需要不时地审视自己的生活,才能使自己不至于忘记最初的梦想,不至于迷失了真我。陶渊明说:"归去来兮,实迷途其未远。"从现在开始,我们也应该迷途知返,应该在寂寞中为自己守护住一份宁静,应该在宁静中过滤自己多余的杂念,沉淀身上的浮华,洗净身上的铅华。只有静下心来,让心灵慢慢沉淀,我们才能还原一个最真实的本我。

有个虔诚的佛教徒一心修佛,可是每次他都不习惯打坐,一打坐他的心中就会产生诸多烦恼,过往种种的不如意不顺心,全部会呈现出来,站着反而好很多,根本没有什么杂念,这让他非常苦恼。

有一次,他遇见元音大师,就问元音大师:"我不打坐的时候根本没有什么烦恼,为什么一打坐,意念反而就更加多了?"

元音大师回答说:"不是打坐使得意念多了,而是打坐才能看见意念。不打坐就像一盆浑浊不清的水一样,泥沙都混合在水里,你根本看不见。而打坐静心之后,泥沙也就渐渐沉淀下来,你才能看见和分离它们。"佛教徒这才明白过来,原来打坐中的杂念都是自己静心后沉淀出来的东西,是一次沉淀和排毒的过程,于是开始决定每天打坐修行。

每个人都应该寻找最纯真最本质的自己,就像寻找自己的根一样,一个人如果连自己的根也找不到,也抓不住,那么只能像随波逐流的浮萍一样迷失在社会的物欲横流当中,只能像断线的风筝一样被大风无情地放逐到红尘里去。我们每个人可能都是迷失者,寻找真我,就是对生命的一次寻根,是对人生的一次重新梳理,是对自己的一次救赎。不管人生多么风

在幸福的城市里，你幸福了没？

光多么辉煌，不管面具下的生活多么舒适，多么诱惑，我们都应该做回自己，都应该拥有一颗最纯真的心，一颗最本真的心。你不妨试试将自己的面具一一摘下，看看哪一张脸谱和自己最相近，静下心来好好想想，看看自己在迷途中究竟走了有多远，看看离最真实的自己有多远？那么从现在开始，救救你自己！

##  追求心的宁静，你自己简单了，世界就简单

我们经常会听到这样的话："你怎么这么浮躁啊，不能有点耐心吗？"可是，在这个非常讲效率、讲速度的年代，效率就是财富，速度就是金钱。动物生长慢了，我们有各种各样的激素促生长；大部头的书籍没时间阅读，我们有精华版、缩略版；就连爱情，也有仅仅相识几天就结婚的闪婚，坐下来，静静地谈一场爱情，已经成了一件奢侈的事。

现在，我们听得最多的词语是"高速发展"，慢工出细活、精雕细琢早已不知被扔在哪个犄角旮旯里。生活在这样的环境中，我们又怎能不浮躁，又怎能平心静气地坐下来。

心理学家认为，浮躁为当前社会普遍的不良心理表现，浮躁的人通常会表现得心神不宁、焦虑不安、盲动、冒险，爱发脾气，做事缺乏耐心。这不但不利于一个人的学习和工作，时间长了还会对一个人的身体和精神产生危害。

越来越快的生活节奏让我们越来越焦虑不安，在这种压力下，我们日益变得寝食难安、心理的承受力大打折扣。在工作中，我们总担心自己的工作是否被认可，有没有涨工资的可能，下一个升迁的是不是我；在生活中，我们总是担心是不是因为我没有钱，没有权，别人都看不起我；在爱情、婚姻中，我们总是担心对方是真的爱自己，还是另有其他的目的，等等。我们的心，再也不像最初那样平静、简单了，我们用浮躁、复杂将自

在幸福的城市里，你幸福了没？

己捆绑起来。我们的心，越来越像一颗定时炸弹，一事不顺，就有可能将自己和别人炸得粉身碎骨。

不知道是谁，在海边放了一桶水，并赋予水灵性。这桶有了灵性的水自然就有了想法，再不像最初那样平静了。它看见大海中自由自在涌动的海水和随风荡漾的浪花，心中十分羡慕，总是想，为什么自己就不能荡漾出美丽的浪花来呢？于是，它日日夜夜地撞击着水桶，希望有一日能够撞倒水桶流入大海之中，与海里的水一同翻滚、涌动。终于，它将水桶撞倒了，可桶中的水却渗入了沙土之中，再也看不到踪影了。

浮躁源于攀比，源于没有正确的目标和追求。人人都渴望一夜成名，一朝致富。看见别人的别墅豪车，我们梦想着有一天天上能掉个大大的馅饼下来，砸中自己，可不知道天上不会掉馅饼，却会掉石头，说不定会砸得你头破血流。为了赚钱，我们放弃了自己的理想，放弃自己的专业，做了自己并不愿意做的事情，选择了自己并不喜欢的工作。最后，房子有了，却没有家；婚姻有了，却没有感情；工作有了，却没有激情；事业有了，却没有成就。我们得到了自己并不想要的东西，却放弃了自己本应该追求的东西。

寺院之中，有个老和尚和一个小和尚。一天，老和尚看到佛像的表面已经有了破损之处，需要重新铸造，于是对小和尚说："徒儿，你要随为师下山化缘，重塑寺中佛像的金身。"小和尚闻言回答："师父，现在正值暑热，我们还是等天气凉爽些再去吧。"老和尚却挥挥手说："随时。"

没办法，小和尚无奈地随老和尚下山了。没过多久，师徒二人走进了一个小村庄，敲开了第一户人家的门，开门的是位慈祥的老婆婆。老和尚双手合十道："施主，寺庙之中的佛像要重塑金身，不知施主能否施舍一些？"

老婆婆听后，将几个铜板放到了钵盂之中，这时，一个打扮得花枝招展的女子走了出来，将钵盂之中的铜板抢走了。小和尚不满地对师父说："师父，到手的缘被人抢走了。"

老和尚却说："没事的，不该化到的缘，即便化到了，也会失去的。"老和尚看了看满脸愁容的小和尚，摇摇头说："随性。"

快到中午的时候，师徒二人走到了一个大户人家的门口，敲开了这家的门。这家的主人是位和蔼可亲的老员外，小和尚看到了老员外腰间沉甸甸的钱袋，非常开心，心想这位老员外一定会多施舍一些银钱。谁知说明来意之后，老员外从钱袋中只拿了几两碎银子放到钵盂之中。小和尚不高兴地嘟嘟囔囔起来："这个人怎么这样小气啊！"

没想到，小和尚的话被老员外听到了，老员外生气地要回了银子，还"咣"地一声关上了门，将师徒二人关在门外。小和尚见状非常沮丧，对老和尚说："师父，都怪我，让我们的缘又没了。"

老和尚看看空空的钵盂，笑着说："随缘。"

整整一天，师徒二人才化到几两碎银子。小和尚便问师父："师父，这样下去，我们什么时候才能化够为佛祖塑身的银子啊？"

师父说了句："随缘！"

一个月过去后，师徒两人终于化够了帮佛祖塑身的钱了，小和尚非常开心，而老和尚却说："随喜。"

或许，我们都能从故事中的小和尚身上找到自己的影子：怕困难、心浮气躁、患得患失。而老和尚则是我们要学习的榜样，他内心宁静，将外事外物皆看得简单，能直接看到事物的本质之处，"随时、随性、随缘、随喜"，无论前方的路是艰是易，无论事情是好是坏，万事皆随缘，不计较得失，表面上虽为随意，实际上却是洞察了世间玄机之后的豁然开朗。

## 在幸福的城市里,你幸福了没?

佛家有云,"万念皆由心生"。我们想要的东西太多,能得到的却少之又少,而能抓在我们手里的,我们却往往视而不见,眼睛总是盯着那些得不到的,所以,我们痛苦,我们抱怨,我们挣扎,我们让自己的生活变得一团糟,却从来没有想过,将自己的心放空,便能盛得下一切。

所谓"有心栽花花不开,无心插柳柳成荫",不过分在乎,不过于担心,即便得而复失内心中也不会有几许波动。无论做什么事,都应脚踏实地,一步一个脚印地走下去。佛家有云:"人之所以会痛苦,就在于追求了错误的东西。我们有自己所要追求的东西,为何要同别人比较呢?为何总是想着拥有别人拥有的东西?"我们虽然没有大海的浩瀚和自由,却拥有水桶中的安逸;我们虽然没有大海之上翻滚的浪花,可我们不用经受拍击在山石之上的痛苦。其实,成功很简单,幸福也很简单:无欲无求,简简单单地生活。

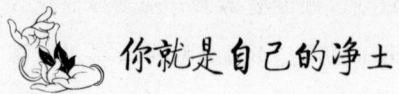

## 你就是自己的净土

忙忙碌碌之中，偶尔我们应该问一问自己，在光怪陆离的霓虹闪烁下，在人潮涌动的街市上，在汽车喧嚣的鸣笛声中，在冰冷的钢筋水泥地上，在尔虞我诈的斗争中，我们能听见什么，能体味什么，还能去发现什么？我们是否认真听过一首歌，是否认真品过一杯茶，是否认真看完一本书，是否认真听过秋虫的低鸣，是否认真观赏过明月星辰；是否认真交过一个真心朋友，是否简简单单地爱过一个人？在每天的疲于奔命中，我们错过了春花春雨春雷的欣喜，错过了"秋风秋雨愁煞人"的诗意，错过了雨打芭蕉的夏夜，错过了梅花弄情的寒冬。我们在灯红酒绿之中迷失了，在是是非非中惶惑了，在尔虞我诈中污染了，在人世沉浮中麻木了，在喧嚣浮华中浮躁了。

也许我们早已厌倦了这种虚伪麻木的生活，厌倦了污染严重的空气，厌倦鳞次栉比的高楼大厦，厌倦了尘世的喧嚣与浮华。我们早就想逃了，想逃到一个没有纷扰、没有争夺、没有污染的洁净世界。可遍寻世间，哪里又是我们心中的净土呢？这世界到处都是人类喧闹的声音、杂沓的脚印，陶渊明的世外桃源早已成为钢筋水泥的天下。

我们厌倦红尘，却又离不开红尘，因为这里有我们的亲人、朋友，有我们的梦想与抱负，所以，我们只能身在红尘中，心在红尘外。我们可以在自己的心里简单地生活，悠闲地品一杯清茶，无拘无束地笑，坐看云卷

## 在幸福的城市里，你幸福了没？

云舒，遥听大自然的轻响，闻到花的幽香、草的青新。我们的心灵，就是我们的净土。

有个人厌倦了世俗的浮华与喧嚣，想要找一个安静、与世无争的地方生活。有一天，这个人听人说佛祖所在的灵山圣地是难得的一片净土，那里宁和安静，没有是非纷扰，没有尔虞我诈，没有欺骗和谎言，也没有无处不在的喧嚣浮躁。他非常高兴，立刻就决定动身前往灵山。

在西去的路上，他遇见了一位老禅师，于是就向老禅师打听去灵山的方向。老禅师微微一笑，反问他："你为什么要去灵山呢？"这个人一五一十地将自己的心事告诉了老禅师：他想要远离人世的纷纷扰扰，想要让自己更安心地生活下去。

老禅师说："如果是因为这个原因，那你就不用去灵山了。"这个人听了非常不解，追问道："为什么不用去了，难道灵山那儿容不下我？"老禅师摇摇头，回答说："因为灵山根本不存在。"这个人一听就乐了："别人都说灵山是佛家的圣地，都知道有这样的地方，你一个出家人自然也是知道的，却说它不存在，你是不想让我去吧？"老禅师解释道："修佛之人自然是人人都知道灵山，但是佛家的灵山是藏在心中的，西方极乐世界也是藏在心中的。"

这个人有些慌乱了："难不成真的不存在那样的净土？"

"其实，所谓的净土就在我们自己的心中，那里无一处是喧嚣，无一处有争斗，无一处是欺骗，无一处有是非。但是如果你心中不净，内心也不静，自然寻不到净土，哪怕去了灵山也是枉然。"

佛说世间一切全是你自己造就的，浮华是你造就的，是非是你造就的，虚伪是你造就的，困惑是你造就的，烦恼是你造就的。与其说你逃不开这个世界，还不如说你始终逃不开自己的心，你没有办法让自己的心安静下来，没有办法在浮尘浮世中让自己的心跳变得舒缓柔和，没有办法让自己的心从迷惑和隔障中超脱出来。你心里所想的是山，所见的就是山；心里所念的是水，所见的自然是水；心里所放的是繁华和虚无，所得的自然是繁华和虚无。

你的心中装满了整个世界，你的心就是整个世界。你想要超脱，想要寻求净土，那么首先就要懂得在心中开辟净土，要懂得让心静下来，让自己从繁华世界中超脱出来，让自己从浑浑噩噩中解救出来，让自己沉淀一切，看开一切，成为一个真正的麦田守望者。

你理想中的净土是怎样的呢？没有浮华，没有喧嚣，没有是是非非的牵绊？如果你心静了，那么自然可以超脱浮华，自然可以过滤掉喧嚣，自然可以不理会那些是是非非。你觉得净土中应该有最简单的生活，有最单调的快乐，有最朴素的情怀，有最简约的生活风格。也许等你心平气和地面对生活时，就会发现自己的生活原来可以那样简单，自己的快乐可以那样纯粹直白，自己的情怀可以真诚朴素，自己的生活方式可以简约随性。或者你认为所谓的净土其实就是空灵，就是诗意，就是随性而动的自由，就是与世无争的天堂，那么当你放下心中的枷锁，当你沉淀人世间的浮躁，就会发现自己早就在空灵之境中读取诗意，早就自在地活在幸福的天堂。

"即使世界明天毁灭，我也要在今天种下我的葡萄树。"这是德国人的净土；"面朝大海，春暖花开。"这是海子的净土；"夹岸数百步，中无杂树，芳草鲜美，落英缤纷。"这是陶渊明的净土。每个人都需要为自己寻找一片纯净的天地，而净土自在人心。任它风凄雨厉，任它狂沙漫卷，任它山摇地动；任它浮华遮目，世事浮沉，任它人心不古，尔虞我诈。我们只黯然地寄宿在那一方净土之中，不受风尘半点的沾染，不受浮华半点的侵蚀，不受风雨半点的叨扰。

我们要成为生活的开拓者，要为自己的人生开辟一方净土，那净土就在心静处。20世纪30年代，一位英国人怀揣着美好的梦想来东方寻找香

在幸福的城市里,你幸福了没?

格里拉,后来他将这里称之为人间的净土和天堂,并写出了畅销小说《消失的地平线》。看过小说的人都不远万里来中国寻找这方人间的净土,可是时过境迁,如今人们再次来到香格里拉,都会感叹这里的宁静早已经被世俗喧嚣取代了,早就被小贩的叫卖、被汽车的鸣笛、被熙熙攘攘的人群淹没了,昔日的香格里拉已经面目全非。是什么造成了香格里拉的消失呢?是什么摧毁了这一方美好的净土?美景还在,高山流水还在,白云清风还在,只是人心已经不再淡定了。如果我们可以静下心来,可以超脱繁华世界的干扰,那么心中自然有一处"香格里拉"。

## 学会享受寂寞，才能了解人生

有位诗人说："我一直在寻求寂寞，我需要一颗寂寞的心，因为只有寂寞的心才是不死的。"可是生活中，我们最怕的是寂寞，那漫漫的长夜，只能看见自己的影子，只能听见自己的呼吸声，这是多么可怕的孤独与凄凉。所以，我们宁愿沉浸于灯红酒绿、夜夜笙歌，用酒精灌醉自己，也不愿独自守着空洞的房间。可是我们却不知道，正是这份寂寞，让我们得以在喧闹中静静地思考，回味人生。

于这个庞大的世界而言，我们都只如沧海一粟，很容易淹于茫茫的人海中，虽然我们也有梦想，有抱负，却未必每个梦想都能有幸实现，大多数人都还挣扎于生存的边缘。为了生存，我们不得不去追逐，去争取，慢慢地，世界留在我们眼中的，只剩下了喧嚣和强者生存的法则，沉默的大多数早已不知被挤到了哪个角落。我们活着，却或许从来都不够了解自己；不敢面对自己，不知道自己到底想要什么，而是像浮萍那样随波逐流，像孤鸿那样四处飘零，浮华遮蔽了我们的双眼，浮躁蒙住了我们的心灵，曾经的梦想却越来越远。

有个女人在河边洗衣服时想要看清自己在水里的倒影，可是水面上有很多鸭子在戏水，"嘎嘎"的叫声不断，而且水面一荡一荡，什么也看不清。女人于是想把水面弄平，不过她越是拍打水面，水里的波纹就越大，波纹

## 在幸福的城市里，你幸福了没？

越大她就越急躁地拍打水面，结果半天也没有照出大概的影子来。女人生气地坐在岸边大声地咒骂鸭子。

有个老禅师经过河边，看到这番景象，于是上前询问。知道了事情的经过，老禅师对女人说："你这样根本无法看清自己的倒影。"

女人疑惑地反问道："难不成这水里面的不是我本人？"禅师回答说："那自然是你，不过水中只能照出你，而你却看不清自己。"女人不解地摇摇头，表示对老禅师的话不是很理解。禅师笑着说："为什么不选择一个安静的地方呢？为什么不让你的心静下来呢？如果你愿意端一盆水去一个无人打扰的地方，当然也就能好好看清自己的容貌了。"

在浮生浮世中，我们受到各种干扰，受到各种牵绊，如果没有强大的定力，试问如何静心修行呢？一个喧嚣躁动的环境，一颗浮躁的心，只会让自己在世俗中越陷越深，只会让自己越来越痛苦。我们要懂得让自己更加平静，要及时从喧嚣热闹中脱离出来，要走进自己营造的个人世界中去，我们要让自己的心灵更安静一些，应该让自己的更加超脱一些。生活需要寂寞，人生应该为自己寻找一处僻静之所，应该让自己在寂寞中静修，在静修中寻求感悟和超脱，在感悟和超脱中寻求自我的人生。这样才能明见心性，才能观照自己的一言一行，才能知晓人生的一切。

当繁华落幕，当烟花灭寂，当骤雨初歇，当潮水退去，我们会在寂寞中品味出不一样的生活风味，会乐于静下心来看一看自己，想一想自己究竟干了些什么，想一想自己原本最想做些什么，想一想自己最应该如何去做。只有在安静的时候，我们才愿意摘下面具，才愿意看清真正的自己，才会愿意回想那些最真实的想法，我们才愿意吐露心声。只有在寂寞的时候，我们才会想一想自己是否幸福，才会想一想怎样才是真正的幸福，也许会回味最初的美好生活，会怀念最初的那些纯真。只有寂寞的时候，我们才愿意超脱那些是是非非，才愿意让自己暂时脱离尔虞我诈，才愿意从烦恼和痛苦中解脱出来，才愿意暂时远离浮华喧嚣。

有个富翁最近觉得很烦恼，于是就跑到后山上去见慧明禅师，希望得到解脱之法，禅师问他："你为什么会觉得烦恼，像你这样的人，有钱有地位，有一大堆朋友，要是你愿意还可以拥有一个美丽的妻子，难道你觉得自己拥有的还不够吗？做人可不能那么贪心。像我这样一个人居住在这里，日子多寂寞多清苦啊！难道你觉得日子会比我难过？"

富翁回答说："我知道，可是我似乎并不那么快乐，我追求财富，追求地位和权势，可那些或许并不是我内心真正想要的东西，这些年，我都不知道自己做了什么，简直就像活在浑浑噩噩的梦中一样。我现在觉得自己的生活越来越陌生了，我自己也越来越陌生了。"

禅师听后，没有再说什么，只是让富翁先去自己平时打坐修禅的地方静坐一会，然后就走了。可是一连几个小时，富翁也没有等到禅师，他只好下山。第二天，富翁仍然上山去找禅师，可是禅师仍旧是让他在修禅的地方等，富翁只好再次前往那里去等，因为禅师迟迟不来，富翁实在觉得没什么意思，于是在等的过程中，认认真真地回想了一下自己的生活。

一连几天，富翁都没能和禅师说上几句话，更别说得到什么指引了。第五天，富翁又上山寻求解脱，这次他央求禅师一定要告诉他解脱的法门。禅师说："那么你这几天是否想通了一些事情？"富翁于是将这些天自己所想的东西一一说出来，禅师笑着说："看来你已经找到法门了。"富翁有些疑惑，根本不明白禅师说些什么。

禅师说："这些天，你一个人安安静静地待在那里冥想，这不就是一种修行吗？从你刚才的谈话，说明你已经了解了生活的真相。可见你缺的不是什么法门，而是一颗寂寞安定的心，我故意选择避而不见，就是为了让你能够安安静静地了解和领悟生活。"富翁听后恍然大悟，连连拜谢。

在幸福的城市里，你幸福了没？

人生需要我们切切实实地去把握，我们应当了解自己的生活，应当及时寻找自我，及时还原自己的人生。其实这种寻求本真的过程很简单，并不要求我们多做些什么，也许只是人去楼空的静坐，也许只是寂寞时的冥想，也许只是午后片刻的沉思，也许只是夜深人静时的回想。让一个人静静地沉淀，让一个人静静地徜徉，让一个人静静地自我放逐，没有任何干扰和束缚，没有任何包袱和负重。生活只需要我们挤出一点时间，只需要我们拿出一点私人空间，只需要我们放下一切让自己静一会，任何人就能够在最寂寞的时空中寻找最真实的自己，就能够把握最真实的自我，能够了解自己的人生。

世界如此喧嚣，我们也许应当比它更寂寞。当你学会享受寂寞时，你对生活也就有了全新的认识，对自己有了明晰的了解，对人生有了洞见。人生当享受片刻的寂寞，而我们也太需要安安静静地为自己活一回了。

##  活着，就要为世界留点什么

作为一个母亲，当你第一次感受到新生命的胎动，那是怎样的惊喜；作为父亲，第一次倾听到孩子的有力心跳，那又是怎样的激动。每个人，都是在父母的惊喜和激动中呱呱坠地，从那一刻开始，一个新的生命便诞生在世上。

一个新的生命的诞生，或者另一个生命的枯萎，都是每个人必须经历的阶段，是自己所不能掌握的，而中间的这漫长的几十年，则是自己可以完全掌握的。有的人用这几十年的时间，历经风雨终有所成，而有的人，却碌碌无为，毫无建树。或许到死的那一刻，我们会问自己：这一生，我为这个世界到底留下了什么呢？

"人生在世，不出一番好议论，不留一番好事业，终日饱食暖衣，无所用心，何自别于禽兽。"

有个人一生碌碌无为，穷困潦倒。一天夜里，他实在没有活下去的勇气了，就来到一处悬崖边，准备跳崖自尽。自尽前，他号啕大哭，细数自己的种种遭遇和挫折。崖边岩上生有一棵低矮的树，听到它的种种经历，也禁不住地流下了眼泪。此人见树流泪，就问道："看你流泪，难道你同我有相似的不幸吗？"

树说："我怕是这世界上最苦命的树了。你看我，生在这岩石的缝隙

之间，食无土壤，渴无水源，终年营养不足；环境恶劣，让我枝干不得伸展，形貌生得丑陋；根基浅薄，又使我风来欲坠，寒来欲僵。看我似坚强无比，其实我是生不如死呀！"

此人不禁与树同病相怜，就对树说："既然如此，为何还要苟活于世，不如随我一同赴死吧！"

树说："我死倒是极其容易，但这崖边便再无其他树了，所以不能死呀。"此人不解。树接着说："你看我头上这个鸟巢没有？此巢为两只喜鹊所筑，一直以来，它们在这里栖息生活，繁衍后代。我要是不在了，两只喜鹊可咋办呀？"此人听罢，忽有所悟，就从了悬崖边退了回去。

人生价值包括两个方面：一是个人对社会的责任和贡献；二是社会对个人的尊重和满足。在两个方面中，个人对社会的责任和贡献是居于首位的。人生的真正价值在于对社会的贡献。其实，每个人都不只是为了自己而活着，一个再渺小、再卑贱的人，对于他人来说都是一棵伟岸的树。

2011年10月5日，美国苹果公司前CEO、苹果联合创始人史蒂夫·乔布斯因癌症辞世，享年56岁。他的离世引起了很大的反响。乔布斯改变了这个世界，值得我们铭记。在世界上，有三只苹果改变了世界，一只诱惑了夏娃，一只砸醒了牛顿，还有一只就握在乔布斯手中，他有改变世界的第三只苹果，其实，他就是苹果。他是可以跟爱迪生、爱因斯坦相提并论的人，他创造的产品改变了人们的生活；他是一位跟达·芬奇齐名的艺术家；他是一位导师，向我们展示如何改变世界；他是过去一百年全世界最伟大的企业家；他是跟比尔·盖茨一样伟大的时代巨擘，重新定义了音乐、电影和手机三大市场……

乔布斯曾说过："对我来说，成为墓地中最富有的人，一点都不重要，对我来说，每天晚上睡觉前可以对自己说，我们做了些了不起的事情。"

## 禅境10课：唤醒你的幸福

"人这辈子没法做太多事情，所以每一件都要做到精彩绝伦"，"我只是想要在宇宙间留一点响声"。

人的一生不在于寿命的长短，而在于你为世界留下了什么。活着，就是为了改变世界！你可以出身卑微，但必须卓尔不群，纵使你将众叛亲离，即使注定要从头再来。最迷人的剧情不是后来居上，而是王者归来；最伟大的战局不是尖峰对决，而是独孤求败；最完美的谢幕不是急流勇退，而是戛然而止。美人难免迟暮，英雄方能不朽。浪花淘尽，正是好处，却是了处。

不管生活给了你怎样的磨难，既然活着，就要活得精彩！

在幸福的城市里，你幸福了没？

 ## 迷途知返，切忌放纵自我

唐太宗李世民在宰相魏征死后说道："人以铜为镜，可以正衣冠；以史为镜，可以见兴替；以人为镜，可以知得失。魏征没，朕亡一镜矣。"魏征就是李世民的一面镜子。得益于这位忠臣的当面谏言，李世民修正了许多规章制度，制定了正确的治国之道，迎来了国家的空前繁荣，成为历史上的一代贤君。

我们每个人不可能像李世民这样幸运，能有魏征这样的镜子，但我们可以像曾子那样"吾日三省吾身：为人谋而不忠乎？与朋友交而不信乎？传不习乎？"我们可以在每天睡觉前，躺在床上对自己的行为进行自我反省，看看自己哪些事情做对了，哪些还需改进，这样，很快就会有大的提升。

物体经过称量才能知道它的分量和长度，而一个人，只有通过不断地自省，才能发现自己的不足，才能不断认识、完善自己。人只有知其短，才能补其过；只有知其陋，才能补其缺。自省是促使自己获得继续进步的动力、不断提高聪明层次的"智慧树"。

狐狸在跨越篱笆时脚滑了一下，幸而抓住一株蔷薇才不致摔倒，可是脚却被蔷薇的刺扎伤了，流了许多血。受伤的狐狸就埋怨蔷薇说："你太不应该了，我是向你求救，你怎么反而伤害我呢？"蔷薇回答道："狐狸啊！你错了，我的本性就带刺，你自己不小心，才被我刺到的啊！"

现实生活中，很多人像狐狸一样，明明是自己的错，却偏偏不反躬自省，而是抱怨别人，抱怨社会；有些人常常避开自省，对自己的过失藏着掖着、遮遮掩掩，不愿反省；有些人反省时就轻避重、就少避多，打"隔山炮"，说些不痛不痒的话，没有把反省的功夫做足；更有些人把反省当走过场，以集体说事，讲些冠冕堂皇的话草草了事。究其原因，是因为没有勇气去正视自己的过失和错误。有的人总感觉自己是正确的，认为丝毫没有反省的必要。更有甚者，怕给自己所谓的"自尊"带来伤害，即使心有所想，也不愿面对。以此态度来反省自己，于己于公、对人对事都是十分不利的。

自省不仅是单纯的自我批判，而是一种智慧总结。逆境时要自省，顺境时更要自省。当自己得到满堂喝彩的时候应及时反省自己的纰漏，梳理自己的言行，从而找到前进的方向。早在两千多年以前，儒家经典中便有"吾日三省吾身"的格言。在自省中，可以总结经验，记取教训；在自省中，可以总结过去，规划未来；在自省中，可以汲取智慧，运筹帷幄，决胜千里。

有个强盗抢劫了一大笔的财富，准备逃跑，可是匆忙中迷失了方向，来到了一个陌生的地方。正当他不知所措的时候，看见有个老和尚在一棵树下打坐，于是上前问路。老和尚见来人满脸杀气，知道他肯定不是什么好人，于是看了他一眼，坐在那里一动不动。

强盗大喊："你这个老和尚真是不识好歹，我这般客客气气地问你，已经算是你的造化了，莫非要让我拔刀说话？"

老和尚睁开眼睛，笑着说："我适才想路，可是想不出来这地方有什么路，我劝你不妨在这里止步，返回去寻找另外一条路吧！"

强盗往四周看了看，正好前面就有一条路，于是生气地说："前面明明有路，你这个老和尚怎么告诉我说没路呢？"

在幸福的城市里，你幸福了没？

老和尚摇摇头说："出家人不打诳语，你所见的是路，在我看来却不是，至多也是一条错路，而一个人若是走了错路，那么有路和无路岂不是毫无分别。"

强盗不理会老和尚的话，自顾自朝前面的路上走去。却没想到只走了几十步便进入了一片荆棘林中，周围都是半人高的荆棘，在强盗的腿上划了好多口子，鲜血直流。强盗吓得赶紧向老和尚求救。

"老师父，都说出家人慈悲为怀，你赶紧想办法救救我呀！"

老和尚回应说："我是无能为力呀！"

强盗听了就急了，大声哀求："你可以想个办法找件东西劈开这些荆棘啊！你都没办法，那我怎么出得来呀？"

老和尚回答说："你为什么不按照原路退回来呢？这样不就可以解脱了。"强盗一听觉得有道理，然后就一步步往后退，结果费了很长一段时间才退了出来，可是那些金银财宝却全部掉在荆棘林里了。他觉得很可惜，还想着冲进去去取出来，老和尚拦住他说："明知道走错了还要往前走，这样不是害了自己吗？不如趁早回头。"强盗听了知道老和尚另有所指，惭愧不已，于是丢掉了手中的刀，决定跟着老师父修佛。

人生需要解脱，但佛说解脱本身就是一种痛苦，意味着你将忍受寂寞和孤独，意味着你将忍受清苦单调的生活，意味着你将忍受没有欲念的平凡日子。但是解脱也是一次艰难的历练，是一次蜕变的过程，像蝉的蜕壳，像蚕的破茧，没有定心，没有勇气，没有一番苦痛的挣扎，又怎么能够安然完成解脱呢？如果我们深陷迷途，那么应该及时收缚心性，应该及时控制自己，就像修佛一样，修佛之人如果做不到心如止水，即使悟性再高，也无法领悟佛的精髓。有时候，我们真该抖落身上的浮尘，真该走出喧嚣的世界，真该静下心来看看自己走过的路，真该好好想想自己的人生，我们究竟是怎样生活的，又是究竟怎样面对生活的，我们应该停下来为自己的人生再做一次选择,应该停下来为自己重新设置幸福的标准。

我们应该为自己的生活负责,为自己的人生负责,应该让自己的生活过得更有意义。当你放纵自己时,你的幸福也就会逃走,所以生活需要克制,需要约束,需要超脱,需要放下,需要及时更正和回归本性。哪怕幸福来得再猛烈,哪怕生活过得再快乐,你也要冷却一下自己的热情,也要记得为人生的口袋上打一个小小的结。

在幸福的城市里，你幸福了没？

# 第十章
# 重视当下的因缘，过不后悔的生活

 ## 珍视你所拥有的，遗忘你所没有的

佛说每个人的眼睛里都有迷障，总是舍近求远。事实确实如此。

有个年轻人备尝世间苦楚，觉得生活没有一点幸福可言，于是决定出家为僧。他找到了一位修为很高的老禅师，希望能够跟从老禅师学佛。老禅师问道："你是否真的看透了？"年轻人回答说："我觉得只有修佛才能让我快乐起来，才能让我脱离烦恼。"看见这个人诚心向佛，老禅师便答应了他的请求。可是老禅师修行的是枯禅，生活非常清苦，过了一段时间，年轻人实在难以承受住这种苦日子，便对老禅师说："我想学习其他的佛法，这枯禅不适合我。"

老禅师笑着说："各人原本就修各人的佛，你当然有权利选择自己的修行方式。"年轻人于是选择了戒律较轻、管束不严的佛法修行。可是一段时间之后，年轻人觉得这种生活还是很苦，自己没办法坚持下去了。而且这时他才觉得自己原来的生活是多么幸福快乐，完全没有现在这样的不自在。

老禅师看他闷闷不乐，于是劝他还俗。老禅师说："你原本就是尘世中的人，终究还是回到尘世中为好。你心中既然没有佛，那为什么非要修佛呢？你没有从自己的生活中去寻找快乐，而从佛法中来寻，这本身就是缘木求鱼。"年轻人听了，终于决定还俗回到原来的生活中去。

## 在幸福的城市里，你幸福了没？

作家爱默生说："没有的东西时时占据我们的想象力，所以它永远都比拥有的东西更有诱惑力。"在生活中，我们总是认为得不到的东西才是最好的，总是羡慕别人的东西比自己的东西要好，所以我们目光一直追着那些得不到的，或者是别人的东西在走，而忽略了我们本来已拥有的幸福。虽然偶尔我们也会安慰式的鼓励自己："我和别人一样幸福！"可这种鼓励过不了多久，就会在与别人的再次对比中逐渐消失。

不要去羡慕那些没有的东西，你所谓的不幸福，在别人的眼里或许恰恰是幸福，每个人的幸福都是等价的，不会因为地位的高低、因为贫富的差距而产生等级。只有真正攥在自己手里的幸福才是真正的幸福，你羡慕别人的空中楼阁，却不知自己的草屋也是不遑多让；你羡慕别人喝咖啡时的情趣，却不知饮一杯清茶也是一种诗意；你渴望像别人一样高高在上，能够体会一览众山小的快感，却不知在半山腰所欣赏到的美景也是别有一番风味。

不要过度贬低自己的幸福，不要为那些不属于自己的东西执着，更不要去羡慕那些缺失的东西，得不到的东西未必永远都那么迷人。每个人都要为自己的人生而活，要为自己的幸福而奋斗，不要去羡慕别人花园里的花，也不要试图从别人的脚印里走出自己的人生。其实，生活所能给你的幸福已经足够，只要你善于去发现，只要你善于去体味，只要你能够及时把握，那么你一定可以比任何人都活得开心愉悦。

大树嘲笑小草太矮，于是故意说道："可怜的家伙，你在下面难道不伤心寂寞吗？难道不想像我一样长得这么高大？你知道我天天都能看见什么吗？远处的河流、山脉、牧羊人、房子，还有……"

面对大树的刺激和炫耀，小草并没有动怒，反而微微一笑说："我站在这里，虽然长得不高，看得不远，可是我一样可以得到阳光雨露的滋润，一样可以吸取大地的营养,一样可以享受美好的星夜。对了,我还可以幸福地贴在地面沉酣。我看不见河流或者牧羊人,这根本没什么关系,我只享受自己拥有的一切,这就足够了。"

慧远禅师说:"佛就是打开你的手心,看看你抓住了什么。"幸福也是如此,有一天,我们也需要打开自己的手心,看看自己抓住了什么,看看我们能够抓住什么,看看我们拥有的是什么。每个人都注定会是幸福的,只不过太多的人忽视了自己身边的东西,而把目光放在别人的身上,把眼光放在那些不属于自己的东西上面,我们应该将焦点放在自己的生活上,应该从自己身上寻找幸福。

我们有家庭、有事业、有理想,并能够从中感受到温暖和快乐,能够从中得到满足,既然如此,我们还有什么值得遗憾和羡慕的呢?我们还有什么人生的缺失呢?《大话西游》中有这样一段经典的对白:"曾经有一份真诚的爱情摆放在我的面前,我没有珍惜,等到失去之后,我才后悔莫及,人世间最痛苦的事莫过于此……"我们不要等到错过了才去想起那些曾经的美好,幸福就在眼前,就在你身边,只要睁开眼,张开双手,幸福就会与你拥抱。从现在开始,从当下开始,要学会去珍惜你的爱人,你的亲人,你的朋友,珍惜你身边一切人,珍惜你所拥有的一切,珍惜生活安排的这段缘分,这样才不辜负生活对你的期待,才不负生活的赐予,才不会给明天留下缺憾。

在幸福的城市里，你幸福了没？

 **把精彩留给现在，活在当下最重要**

米兰·昆德拉说："因为生命只有一次，我们既不能把它同以前的生活相比较，也无法使其完美之后再来度过。"有一位哲人也曾这样说过："逝去的和未知的是'不存在'的东西，而'可能存在'的和'存在过'的东西就是现在。"这两句话，告诉我们的是同一个道理：生命只有一次，我们不能轻易浪费，而昨天已经过去，明天还未来到，我们能抓住的，就是今天，就是此刻，所以我们要把精彩留给现在，活在当下。

上天对每个人其实都是公平的，当他关上一扇门的时候，必然会打开一扇窗户，所以每个人面临的机会、时间都是相同，不同的是，有的人聪明地利用好了时间，从而使这有限的时间相对延长。而有的人，却总是习惯于将今天的生活和工作推向遥远的、不可知的未来，什么事都要等明天去做，殊不知如果一个人连当下都抓不住，都无法好好活着，那么明天、未来他也不可能好好活着，因为无数个明天、未来也会是当下。

一个迷茫的青年到深山中寻访一位禅师，想让禅师给他一些开示。

"大师，在人的一辈子当中，哪一天是最可贵的？是呱呱坠地的那一天，还是心跳停止的那一天？是感受青涩初恋的那一天，还是成就事业的那一天？"

"这些都不是最可贵的，生命最可贵的就是当下。""大师为何这样说？"

青年感到十分奇怪,"难道今天发生了什么大事?"

"今天一切都很平静,什么事也没发生。"禅师回答。

"那我的来访是否很重要?"青年又问。

"即使今天没有一位施主来寺中拜访,今天仍然是可贵的,因为今天是我们最可贵的财富。不管昨天有多么值得怀念和让人惆怅,它已逝去了,而且再也不会回来了;明天不论有多么炫目多彩,它还没有到来;而今天不管有多么平庸、多么无所事事,它都在我们手掌之中,任由我们支配。"禅师顿了顿,又接着说:"我们在探讨今天是多么可贵和重要的时候,就已经开始浪费和消耗我们的'今天'了。"

青年听了禅师的话,恍然大悟,他相信自己的人生再也不会迷茫了。

我经常听见有人说"从明天开始我要减肥""从明天开始我要好好工作""从明天开始我要好好孝敬父母"……我不明白,为什么这些决定都是从明天开始,而不是从现在就开始,难道明天会和现在有什么不同吗?明天太阳会从西边出来吗?哦,不,不是这样的。昨天的时候,你就在说明天要怎么样;今天了,你还在说明天要怎么样。在你的心里,明天只是你拖延时间的借口而已,就像刘备借荆州一样,永远是"今天借了明天还"。

可是你不知道,人生看似有无数个明天,可明天同样会变成今天,在无数个明天之后,你的生命就会走到尽头。那时候,你还是否看得见明天的太阳?这一切,就都成了未知数。那时候,你是否会为自己碌碌无为而后悔,是否会为自己的人生没有留下任何精彩而后悔,是否会为那永远的"明天再说"而后悔?

有个秀才因为进京考试落榜而郁郁寡欢,所以他决定暂时先不回去,而是到山间去散散心。有一天,秀才来到一座寺庙里,看见一个小和尚坐在蒲团上念佛诵经。小和尚专注的神情令他不忍打扰,他于是在寺庙周围

在幸福的城市里，你幸福了没？

欣赏风景。

几个时辰之后，天色渐渐暗下来，秀才看四周没有人家可住宿，于是就想在寺庙里住一段时间，就转身走回寺庙。

他一进庙门，就发现小和尚依然坐在蒲团上诵经，一动也不动。

秀才非常好奇，于是上前问道："小师父，我都见你在这里坐了一天了，难道不累吗？"小和尚连忙起身回礼，回答说："对出家人而言，修行就是生活，与日常的吃穿住行无异，吃穿住行都不会嫌累，在这打坐参禅自然也不会累的。"

"那你每天都是这样吗？"

"是的。"

"你为什么要这样呢？修佛不是一朝一夕的事情，你慢慢地修行不是更好吗？你刚才也说，就像吃穿住行一样，每天都去做不就行了。"

"世人明知吃穿住行是每天必须要做的事，可是却往往不肯好好去做，不好好吃，不好好睡，不好好穿，不好好行。其实修佛就是修自己的福，明天自然可以修，但是今天的福气今天修不是更好吗？修佛之人修的是现世佛，而不是来世。今天你不好好去修，明天又怎么会知道自己有没有佛缘呢？"秀才听了，不禁为小和尚的修为而敬佩，同时也暗暗下决心要向小和尚学习。

人生就和修佛一样，今天不好好修，永远也不知道自己有没有佛缘。就如同你爱上了一个人，可不知道他是否也喜欢你，如果你不去问，就永远也不知道答案，就有可能错过这个你爱的人。就如同你想获得老板的认可，职位得到晋升，拿到更高的薪水，可如果你做事总是拖拖拉拉，今天的事永远要等到明天去做，老板怎么看到你的工作能力，说不定下一个被裁员的就可能是你。

生活所能赐予的我们的一切，都在当下，都在这一时，这一刻，那你为什么不享受当下，为什么不抓住当下呢？想要活好，那么就要活好现在，就要创造当下的精彩，那就要让当下的每一分每一秒都过得充实，让每一个生活片段都成为永恒。

活在当下就是要我们不仅要抓住当下的时机，也要懂得珍惜当下的幸福，当下的亲人、朋友，珍惜与他们在一起的每一分、每一秒，珍惜与他们的每一个笑容，每一个开心的瞬间。幸福等不起，也拖延不起，现在能有机会抓住，就一定要努力去把握。很多时候，我们抱怨没有幸福来光顾自己，然而事实上呢？幸福一直在我们身边徘徊，只不过当幸福来敲门时，你没有及时在门口迎接。生活从来没有将你遗忘，只是你没能把握机会而已。

有个诗人患了重病，只剩下几个月的时间了，可是他却始终保持着乐观的精神。他在自己的日记本上这样写道："我的幸福在来世？不，它就在今天，就在现在，我要出去散散步，我要出去抓一些虫子，我还可以看别人钓钓鱼，或者骑一骑牛背，这些美好的东西，我为什么非要等到下一世才去享受呢？生命中那些最美好的东西，那些最精彩的时刻，我应该将它们留到现在。"

生活就应该这样，只有认真过好每一天，只有让当下每一天都精彩充实，我们才不会有任何遗憾，才不会错失生活留给我们的每一个幸福。我们不仅要活在当下，更应该精彩地活在当下。

在幸福的城市里，你幸福了没？

 **该吃吃，该睡睡，有事不往心里搁**

随着年龄的增长、社会关系的复杂化，我们会觉得肩上的担子越来越重，各种各样的烦恼也随之而来，无论是感情还是事业，似乎都被千斤重的巨石压得喘不过气来，就好像掉入了"伤心太平洋"中，无法自拔，更无法自救。

肩上的担子重了，是因为我们知道自己所肩负的责任多了，可是如果我们只知道一味地将所有压力压在心头，而不懂得为自己解压，那么，总有一天，这些压力终会将你压垮，压死骆驼的就是那最后一根稻草而已。我们之所以哭着来到这个世界上，难道就是因为知道自己这一生将背负众多的压力与苦难，知道自己就是为了受苦而来？不是的，你之所以感到苦，感到累，是因为想得太多，想得到的太多，就像古语中说的那样：世上本无事，庸人自扰之。

有事情，可以及时解决，实在不能解决的，也没必要一直放在心上，过多地去思考，没事也便有了事。

有一个女孩儿，深深爱恋着自己心目中的"大英雄"，其实，女孩心中所谓的"大英雄"不过是学校中的一个小混混而已。然而正是这样一个小混混，却让品学兼优的女孩动心不已。

可男孩儿的身边总是有着不同的、打扮得花枝招展的女生，而女孩儿生性腼腆，跟男孩子说句话都脸红，就更不可能与男孩儿接近。就这样，女孩儿默默地等待着，幻想着或许有一天能与男孩儿一起，搂着他的腰，坐在他的单车后面，裙角飞扬。她的日记里，写满的都是关于男孩的一举一动，她的心里呼唤的都是男孩的名字。可这一切，男孩是听不到的，他甚至没有正眼看过女孩儿。

就这样，女孩儿苦苦地等待了八年，女孩儿终日以泪洗面，与外界隔绝，不再有追求者，不再有异性朋友，也再看不到女孩与同学欢快嬉戏的背影，有的只是那张充满忧愁的娃娃脸，以及过早出现的缕缕白发。

终于，女孩儿不愿再傻傻地等待，因为青春已逝，她的同龄人，早已步入了婚姻殿堂，或已为人父母。

她找到男孩儿，想向他表白自己的心迹，然后永远留在男孩的身边。可男孩儿的身边已经有了一个小鸟依人的女孩儿，再过几天，他们就要结婚了。女孩沉默了，她向男孩送上了诚挚的祝福，可她的心里，却在流血，自己的苦苦等待为何会变成这样的结果，如果自己早点向男孩儿表明，不管他是拒绝还是答应，现在的结果绝不是这样的！原来，不是泪水找上自己，而是自己一直在拼命寻找流泪的方法。

人生能有几个如花的八年，女孩儿却将这最美好的八年花在等待上，换来的却是男孩儿依旧的冷漠与不注意，如果女孩儿利用这八年的时间轰轰烈烈地谈一场恋爱，或是学业有成、事业有成，相信她的人生将会是另一份精彩。其实，我们大多数人跟这个女孩儿也差不了多少，每天习惯于将鸡毛蒜皮的小事当成大事来处理，将简单的事情复杂化，"杀鸡用牛刀"的法则时不时地在我们身上上演，所以我们总是感叹"活着好累"，殊不知是我们自己给自己戴上了枷锁，从而使自己终日处于疲惫不堪的状态。

突然想起了一个笑话，说的是有一位男子救了一个落水的儿童，电视台的记者去采访他，问他你救孩子的时候心里想的是什么，男子说我心里

## 在幸福的城市里，你幸福了没？

什么都没想，只想着救人。记者不甘心，追着他问："难道你当时没有想过那些大英雄的事迹，例如董存瑞舍身炸碉堡、黄继光堵枪眼这些？"男子回答："我要是想着这些，那孩子早就没了。"

在日常生活中，别人只不过是随意地一颦一笑，而我们却非要去分析其内在含义，认为其有所引申，弄得自己身心俱疲，与周围之人的关系也变得愈加复杂，心中装满了是是非非，再笑不出来，再轻松不得。

当烦闷的增长速度比我们解决问题的速度快的时候，我们就会选择逃避，选择置之不理。有些人，总是抓住一件事情的一角不放，也就是我们平时所说的"钻牛角尖"，他们会将苦闷之事放大，而或酗酒，冠冕堂皇地说"借酒消愁"，岂不知，愁没有消，反而更多了些烦恼。

生活中，还有一些人，容易因旁人对自己的评价伤心、难过，甚至愤怒，其实这样做是非常不值得的，因为很多时候，伤心难过、情绪不佳只为一句话实在不值得，更何况有时候别人所批评指责的问题我们身上确实存在，我们在批评指责声中成长、强大。

有人会说："有的人就是鸡蛋里挑骨头，背后中伤人。"对于这种事，我们更应坦然，如果因为这些无知、无理取闹的人动心伤情，实在不值得，因为我们不是活给他们看的，也不是活在他们眼中的，我们的人生是活给自己看的。

面对外界的流言蜚语，我们只需保持良好的心态，把握好当前的机遇与挑战，在工作和学习上奋勇前进，过好我们自己的生活，不去理会外界的干扰，那些人自然会自感无趣，就会把嘴巴闭紧。

我们所做的每一件事，最应对得起的就是我们自己，先对得起自己，而后才能谈及对得起周围的人，重视当下重要的事情，放弃那些无谓的争执、无谓的伤心和无谓的担心。

把心放宽些，把枕头放平些，你才能睡得踏实、睡得舒服，才能提起饮食之欲，才能精力充沛地投入到工作和生活之中，有个不后悔的人生！

## 爱即孝，给父母最好的孝道是关爱

从小我们就知道，要尊敬和孝顺自己的父母，因为是父母给了我们生命，养育我们长大。那么，什么是孝顺，怎样做才叫孝顺呢？有人说要给父母买很多礼物，要让他们衣食无忧；还有人说对父母要注重生活的礼节，早晚向父母问好，经常回家看看父母……这些，都是孝顺的表现，而最基本、最重要的就是要爱父母，将父母的一切都放在心上。

现代人生活压力大，不得不努力工作，才能养家糊口，那么，你有没有每天抽一点时间来关心自己的父母，他们的身体是否康健，他们的血压有没有降下来，风湿的老毛病有没有犯，等等。你是否为自己不能陪伴他们身边而感到愧疚？是否经常记得给他们打个电话，聊聊家常，是否过年过节时放弃出游的机会，安心地陪在父母身边？是否为父母洗过脸洗过脚，是否为父母泡过茶，揉过肩膀？这些，都是很平常的小事，就像父母当年为我们做的那样，可是，你都做了吗？

有时候，一句简单的问候，一个不经意的微笑，都会让父母觉得愉快。比如"最近身体好吗？""天冷了，要多穿点衣服""给你买的保健品要记得吃"……这些普普通通的话，你的父母可能对你说了一辈子，而你这辈子对父母说了几回呢？你还有机会说多少回？其实只是简简单单的一句话，甚至不用花费多少时间和精力，你的父母就能从中得到欣慰和快乐，这对你来说轻而易举。可是有几个人会想起这些，有几个人会在乎这些，

## 在幸福的城市里,你幸福了没?

当我们在浮躁喧嚣中悲伤沉重的生活负担时,恰恰丢掉了为人子女最应该具备的责任心和爱心。

关爱不是口头的表述,需要你付出真心和时间。我们总是觉得老人家吃饱穿暖就是幸福,总是觉得自己出人头地就是回报,觉得把钱按时寄给父母就是孝顺。或许你每年都给父母许多钱,你给他们创造了最好的生活条件,给了他们最好的医疗保险,在物质上从来没有亏待自己的父母。可是这些是你父母真正想要的吗?他们想要的其实只是你十分钟的陪伴。你可以每天在电话中和客户、朋友、爱人聊上几个小时,可是否为父母留出了一分钟的通话时间?你整天飞南飞北,跑东跑西,忙得不可开交,可飞机经过你的家乡时,你是否低头看过一眼,那槐树下等待的影子虽小,但却是你最熟悉的身影?你晚上忙着和朋友花天酒地,周末忙着和情人花前月下,却没空抽半天的时间回家看看父母。你把所有的时间和精力留给了客户,留给了公司领导,留给了花天酒地的朋友,留给了浪漫多情的情人,留给了活泼可爱的孩子,可是你的父母呢?你是否想起过他们,是否想起过他们其实也需要你的陪伴和照顾?

有个僧人跟着师父到处宣扬佛法,救度世人,结果十年都没有回家。师父劝他回家一趟看看年老的母亲,在母亲身边待一年,尽尽孝道。僧人却拒绝了:"我既然已经出家了,也就无所谓回不回家。世界上有很多需要我去救助的人,我怎么能够为了一己之私而弃他们于不顾呢?我不能因为爱自己的母亲而抛弃对众生的爱。"师父听了连连摇头,责备弟子说:"佛的家虽在大千世界,但是没有小家的概念,何来大家?都说佛爱众生,可是如果你连自己的父母都不爱,又拿什么去爱众生呢?"僧人听了,羞愧不已,于是立刻回家侍奉母亲。

为了工作,为了生存,我们四处奔波,经常废寝忘食,更不用说远在千里之外的父母。古人说："父母在，不远游。"一方面是因为儿行千里母担忧，让父母为自己忧心这就是不孝。其次，不能时时陪在父母身边侍奉，这也是不孝。我们拥有远大的梦想，这是值得肯定的，但我们不能让父母成为我们雄心壮志的牺牲品！我们不能让已经步履蹒跚、满头白发的父母独守空巢！不能让已经双眼昏花的父母偷偷流泪，不能让父母等待的身影定格为老树下的一幅画。工作没了可以再找，可父母的生命永远经不起漫长的等待！其实，我们能给父母最大的孝顺就是多陪他们聊聊家长里短，多陪他们去公园散散步，或者坐在一起，看看过去的照片，一起回忆那些美好的往事。是的，我们还有很多工作要做，有很多梦想还未完成，有很多甜蜜的爱情还未享受，我们恨不得将每一分钟的时间掰成两半来用，可是父母需要的，只是你喝一杯茶的时间，吃一根冰淇淋的时间，这，就足够了！

有个男子母亲去世了，于是痛苦自责不已，因为他这些年在外面奔波忙碌，一直没有时间陪同母亲，所以他觉得自己实在是非常不孝。母亲逝世后，他跪在坟前哭了一天一夜，无论别人怎么劝说他都不起身，甚至有几次都昏厥了过去，大家都很担心他。

这时候有个做法事的老和尚走上前问他："你是否很爱自己的母亲？"男子哭着点了点头，然后又开始自责起来："如果我当初不出去闯荡，安安心心陪在母亲的身边，她或许可以得到更多快乐。"

老和尚接着问："那么你现在准备怎么办，人都去了，你还能怎样？"

男子扑倒在坟堆上，狠狠捶打着自己的胸膛："我真该让自己陪着她一起走，这样也好赎罪。"

老和尚听了连连摇头，问他："你家中可还有什么人？"男子回答说家中还有一个老父亲，如今也已经是高龄了。老和尚说道："那你就真的是个不孝子了。"

在幸福的城市里，你幸福了没？

男子看了看老和尚，不明白他的话是什么意思。老和尚训斥道："既然你觉得自己没有在母亲生前尽孝道，那么现在为什么不振作起来，回家好好陪陪老父亲，难道你想重蹈覆辙吗？"男子听着不禁一愣，老和尚接着说："年轻人，你不要总是等到失去之后才想起后悔想起珍惜，为什么不趁着拥有的时候好好珍惜呢？"男子顿时醒悟过来，连连向老和尚道谢，回家去了。

小时候，我们总是说长大后要如何如何孝敬自己的父母，给父母买多少好东西，可等我们真正长大后，小时候的誓言能实现多少呢？等我们醒悟过来时，父母早已经离我们远去，子欲养而亲不待，这是多么的悲哀！所以当父母健在的时候，我们就要珍惜和父母在一起的每一分钟，竭尽全力奉献我们的爱，让父母在余生中的每一天都能够开开心心快快乐乐。

## 学会为你身边的人着想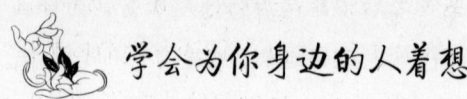

当你失意的时候，总是想着身边有人来安慰自己；当你遇到困难的时候，总是渴望得到别人的帮助；当你寂寞的时候，总是希望有人可以陪你聊聊天。可是你知不知道你身边的人，在他们失意的时候，你有没有送上你的安慰与祝福；在他们遇到困难的时候，你有没有伸出援手；在他们寂寞的时候，你有没有过去陪伴。付出与回报总是相辅相成的，你想要回报，就必须要有付出。所以，在别人需要你的时候，你应该第一时间伸出自己的双手。在日常生活中，除了爱自己，你更应该将自己的爱分大部分出来，来关心、爱护你身边的家人、亲戚、朋友、邻居……

有个老禅师非常喜欢养花，每隔几天就在门外种上一些花花草草，可是除了日常的打理以外，他根本没时间去观赏。弟子们非常好奇，于是就问道："师父，为什么你养了那么多的花，可是自己却从来不认真去欣赏一下？"老禅师微微一笑说："其实我种花养花并不是为了自己欣赏，而是为了让别人欣赏，你们看，现在这里是不是热闹多了？"

很多时候，我们都喜欢孤芳自赏，喜欢将美好的东西留给自己，什么事情都只为自己考虑，根本不考虑别人的感受，我们的眼里只有自己，觉得这个世界就是围绕着自己转的，觉得自己就是舞台的焦点，可是你如果

## 在幸福的城市里，你幸福了没？

不为别人着想，谁还会围着你转，谁还会愿意做你生命中的配角，愿意陪衬你的成功，愿意分担你的落寞？所以，如果你是一朵美艳的花，就不要忘记脚下扎根的土地，不要忘记身边陪伴的小草，不要忘记耳边拂过的风，不要忘记时时滋润的阳光雨露。没有他们的陪伴，再优良的种子也开不出娇艳的花朵。佛说："你要善待今生围绕在身边的人，因为他们前世都是为你许愿的人，今生来到你身边帮你完成心愿。"你的父母、爱人、兄弟、朋友、邻居、同事，他们都是你生命中为你默默许愿的人，正是由于他们的存在，你的人生才不至于太空虚、太寂寞，是他们为你遮风挡雨，才帮你撑起了人生的一片晴天。

有一对恋人非常相爱，可是因为触犯了天规，被玉帝责罚十世不得转世投胎为人，女子只能投胎为花朵，男子只能投胎为蜘蛛。

佛祖被两个人的爱情所打动，便将他们安排在了同一个屋檐下。

于是投胎为花朵的女孩每天都看见一只脏兮兮的蜘蛛从她的身旁经过，要不然那只蜘蛛就待在横梁上，她一抬头，就看见蜘蛛在紧紧地盯着她，生怕她跑掉似的。女孩最讨厌的就是蜘蛛，对这只与自己同在一个屋檐下的蜘蛛也没有好脸色。可不管她怎么样，每一次转世，与她同在一个屋檐下的都是那只她最讨厌的蜘蛛。

十世之后，女孩终于得以转世成人，她想做的第一件事就是寻找十世以前的男子，和他再续前缘。她找到佛祖，请求道："我现在转世成人了，可是心里一直没有放下十世前的感情，这几百年来我都在等待能续上这段缘分，希望佛祖您能够指点我，告诉我所爱的人如今究竟在何处？"佛祖的回答，却让她大吃一惊："我因为同情你们，所以让他这些年一直待在你身边，他就是那只痴情的蜘蛛，不过很可惜你从没有理会过他，如今你们的缘分已经断了。"女孩这才明白，其实前世所爱之人原来一直都在自己身边默默守护着，自己却始终视若无睹，后悔不已。

"如果下辈子我还记得你,我们死也要在一起",可是如果我们彼此都喝了孟婆汤,上辈子的事就会忘得干干净净,所以我们要做的,就是好好珍惜这一生,好好珍惜这一生陪伴在你身边的每一个人。珍惜你们在一起的每一天、每一刻,每一次感动、每一次关怀、每一份幸福与快乐。

珍惜他们并不是为他们舍弃自己的生命,或者为他们做一番感天动地的大事,而是从生活的每一点每一滴中,表达的你的爱,你的珍惜。你想要说的话,想要做的事,都要经过慎重的考虑,不要太意气用事,不要一意孤行,多想想他人的感受,你的行为可能会给他们带来什么困扰,你的行为可能会造成什么样的影响,这些都必须认真考虑。不要等到身边的人一个个离你而去时,才想起要对自己身边的人好一些。

在幸福的城市里，你幸福了没？

 ## 学会爱自己，因为没有人会替你代办

生活中，我们总会遭遇许多挫折和伤害，这时，我们渴望有人来关怀自己，渴望有人来温暖自己的心灵。可是，别人的关怀再多，语言再温暖，你还是需要去面对所有的挫折和伤害，能否走出低谷，能否重展笑颜，最重要的是在于你，而不是别人。所以，你就要学会自己爱自己，如果自己都无法爱自己，那我们还怎么能奢望别人会爱你呢？

有个人，生活日渐陷入困境。有一天，他向佛祖抱怨自己目前的境况，希望能够得到一些帮助。佛祖让他说一个值得帮助的理由，这个人悲伤地说："我破产了，现在一无所有。"佛祖听了摇摇头，什么话也不说。这个人又哭着说："你看，我的双腿残废了。"佛祖依然摇摇头。这个人的哭声更大了："我已经好几天没吃上热饭了，而身边根本就没有人关心过我。"佛祖听了，还是摇摇头，而且闭上了眼睛。

看到佛祖对自己不理不睬，这个人有些愤怒了，于是质问佛祖为什么无动于衷，佛祖反问说："你现在不是还活着吗？为什么不自己想办法活得开心一点呢？既然没有人爱你，那你为什么不多爱自己一些呢？"可这个人对佛祖的话并没有领悟，他自言自语道："现在看来没有人真正爱我了，那我活着又有什么用呢？"佛祖便说："既然活着都已经没用了，我也没有帮忙的必要了。"

看到这个故事，我不禁想起了鲁迅笔下的祥林嫂，她见了人就诉说自己是如何的不幸，刚开始还有人同情她、安慰她，后来她说得多了，就慢慢没有人理她了。并不是人们没有同情心，而是没有人愿意帮助自暴自弃的人，没有人会愿意去扶起那些跌倒在泥里不愿起身的人，没有人会一而再再而三地拯救那些自甘堕落的人。你不爱惜自己，不珍惜自己拥有的一切，那么别人也就不会珍惜。只有爱自己的人，才值得别人去爱，只有懂得自救的人，别人才愿意伸出援手来帮助他得到解脱。

轻视自己人生的人实际上是对生命的一种践踏，是对自己幸福的一种侮辱，是一种不负责任的体现。生活原本就有很多的烦恼，而生命又如此脆弱，人生又如此短促，那么我们为什么不对自己好一点呢？为什么不开开心心地过好每一天呢？为什么还要对自己表现出不在乎和无所谓的姿态呢？我们的身体是自己的，我们梦想是自己的，我们的生活是自己的，这些都需要我们自己去做，自己去完成，只有把自己照顾好了，只有让自己感受到快乐了，我们的幸福生活才能延续下去。

有个苦行僧四处云游，经常滴水不进，佛陀问他为什么不顾及自己的身体呢。苦行僧回答说："身体是空的，是外相之物。我本着济世之心去传播佛法，何必为自己的身体劳神费心呢！"佛陀摇摇头说："出家人既然爱的是众生，那么自己也是众生之人，为何不去爱惜呢？而且你连自己都不爱，怎么还能够去爱别人呢？你连自己都爱不好，又拿什么去好好爱别人呢？"

可见，和尚虽然超脱红尘，但是身体仍然还是要顾及的，仍然还是应该爱惜自己。布袋和尚当年出游时常常大吃大喝，很多人都嘲笑他是个酒肉和尚，是个只知道吃的假和尚，布袋和尚并不生气，而是回应说："如

## 在幸福的城市里，你幸福了没？

果我不吃好喝好，不照顾好自己的身体，难不成你会替我去讲佛吗？"

我们常说："我愿意为别人付出一切，愿意为所爱的人做任何事情。"可是付出的同时应该先照顾好自己，否则你的爱依然是狭隘自私的。如果是以消耗和伤害自己为前提，那么你的爱究竟能够延续多久呢？你的真诚能够给别人带来多少欢乐呢？有一天当你无力去延续这份爱时，不但你自己会感到遗憾，那些你身边的人，你所爱的人，你所在乎的人，以及那些爱你的人、在乎你的人，他们也会为你感到悲伤。

或许你有过躺在病榻上卧床不起的经历，这个时候，你想的最多的是什么，最牵挂的是什么。看着女儿站在凳子上也够不着煤气灶，看到爱人东奔西走一脸的疲惫，你是否会暗自内疚？想着因为你生病了，那个一直是你跟的项目没人接手，公司就要蒙受较大的损失，你是否暗自心焦？因为你的身体，你错过了一次良好的升迁或者学习机会，因为你的身体，你无法陪伴父母、孩子去公园散步、玩乐，因为你的身体，家里再也听不到开心的笑声。这个时候，你是否会后悔，后悔为何不自己照顾好自己，不但自己受到伤害，你的爱人、孩子、父母、公司等也因此受到伤害。

你的人生路，你的每一个决定，你的幸福，都牢牢地掌握在你自己的手中，而顺利完成这一切的前提，就是你要学会自己爱自己，让自己有一个好心情、好身体，你才会有好的人生。每个人都要懂得珍惜自己，哪怕自己的人生不如意，也要懂得为自己寻找一片遮风避雨的地方。如果你觉得这个世界对你不公，那么你就要对自己公平一些；如果你觉得这个世界对你很冷漠，那么你就要懂得温暖自己；如果没有人来牵你的左手，那么就用你的右手握住你的左手。因为你才是自己生命中的救世主，才是最强大的依靠，才是最真实的寄托。

为了生活，为了幸福，你可以不在乎别人的看法，不在乎名利富贵，不在乎如何去活着，但是一定要在乎自己，一定要爱惜自己。生活和生命都是严肃的东西,那些喜欢拿自己开玩笑的人,生活也会和他开玩笑;那些不在乎自己的人,生活也不会真正在乎他。

在幸福的城市里，你幸福了没？

 ## 爱惜你的另一半当如爱惜自己的身体

诗人泰戈尔说："我爱你，我的爱人，请饶恕我的爱。像一只迷路的鸟，我被捉住了。当我的心抖战的时候，它丢了围纱，变成赤裸。用怜悯遮住它吧。爱人，请饶恕我的爱。"爱情是甜美的，也是卑微的，总让我们失魂落魄，但是守护这份爱的另一半，他们往往也是卑微的。

生活中，总有一个人，你受到伤害时，他会第一个站出来维护你，安慰你；总有一个人，你心情不好时，他会想尽一切办法逗你开心；总有一个人，你遇到困难时，他都会站在旁边鼓励你，支持你，陪你一起度过难关。这个人，就是你的爱人。爱人是什么？是那个经常让你吃醋的人，是那个经常和你拌嘴的人，是那个偶尔会耍点小脾气的人，是那个你见面时觉得厌烦，离开后却牵肠挂肚的人，是那个当面喜欢贬低你，背后却默默支持你的人，是那个经常陪在你身边，却经常被你忽视的人，是那个在你最开心的时候，同你分享快乐，在你最失落的时候，同你分担痛苦的人。

可是我们总是会忽视掉这个身边人，他（她）就在我们眼前，就和我们朝夕相伴，我们是否会经常想起他（她）呢？在空虚寂寞时，脑海中闪过的第一个人是否就是他（她）呢？当回到家里，第一眼想看见的是否是他（她）呢？也许生活太烦琐了，烦琐得以至于我们没有太多的时间去爱，去珍惜自己的另一半，烦琐得以至于我们意识不到自己究竟有多幸福，使得一份真爱变得如此平淡如此平凡，变得和油盐酱醋一样普通。

## 禅境10课：唤醒你的幸福

你的爱人，他（她）才是陪你走过风雨人生路的人，才是你生命中最重要的人，也是最值得你珍视的人。有一天，当你失去爱人时，才会领悟到生活的孤独，才会觉得人生的空虚，才会感受到无可诉说的压抑，才会发现自己已经无所依托。爱人就是我们的翅膀，折断翅膀，你才会了解无法高飞的痛苦；爱人就是我们的另一只脚，失去了一只脚，你才会察觉人生路上不平和坎坷的无奈；爱人就像我们的眼睛，失去了眼睛，你会发现自己的人生已经失去了色彩；爱人就像空气，失去了他（她），你才会懂得窒息的痛苦。既然爱情不可或缺，既然爱人不可或缺，那么我们就要懂得怜取眼前人，若是有情人，就要"执子之手，与子偕老"；若是有心人，就不要让爱情在悲伤后悔中度过。

不要再迟疑了，不要再等待了，不要再寻找诸多借口了，如果你真的爱他（她），在乎他（她），那么就爱他（她）在现在，就在乎他（她）在这一秒。爱情经不起那么久的等待，也经受不起太多的消耗。无论什么样的承诺，无论什么样美好的愿望，无论什么样的人生规划，都不如当下来得切合实际，不如当下来得幸福快乐。

有个男人很爱自己的妻子，可是因为家庭条件不好，他决定出去谋生路，发誓将来一定让妻子过上好生活，这样才不辜负妻子对他的爱。临行前，他和妻子一样都恋恋不舍，两个人抱头痛哭。这一幕被一位路过的老和尚看在眼里，老和尚于是上前拦住了男人的去路。男人以为老和尚是来找自己化缘的，于是他从衣兜里取出一些钱给老和尚，可是老和尚却摇摇头。

男人好奇地问："我急着准备出门呢，不知大师为何要拦住我的去路？"

老和尚回答说："我只是劝你放下包袱回家。"

男人说："我答应过妻子，出外好好闯荡一番，好让妻子过得更好一些。"

老和尚说："看来你很喜欢你的妻子。"

在幸福的城市里,你幸福了没?

"那是自然的,我们两个人一直以来都很恩爱,在一起的日子很开心。"男人自豪地回答。

"那么你就更应该回家了,既然在一起就很开心,为什么还要分开呢?"老和尚反问道。

男人听见这话,眼泪又不自觉地掉下来了:"我也舍不得离开,可是家里的日子实在不好过,我想出去多赚点钱,这样她以后就能过得更好一点。"

老和尚笑着摇摇头:"你连当下的幸福都满足不了她,还谈什么未来呢?现在让她开开心心过好每天不是更加重要,也更切合实际吗?"男人似有所悟,站在那里沉默不语。

老和尚接着说:"两个人真正相爱的时间有多久呢?小时候被你父母占用了,成长时被青春挥霍掉了,之后还要被工作占用一部分,被睡觉占用一部分,被分离占用一部分……""大师,谢谢你的提醒!"还未等老和尚说完,男人却再也听不下去了,他给老和尚施了佛礼后,急忙往家里跑去。

张爱玲说:"在千百万人中,千百万年间,不早不晚,正好碰上了,然后轻轻地说一句:嗨,你也在这儿!"这就是缘分。上天安排你们相见、相识、结婚,这是一种不知道修了多少年才修来的缘分。佛说百年修得同船渡,千年修得共枕眠,经过一千年的等待,两个人才能在一起生活短短的几十年,缘分如此来之不易,我们为什么不抓紧时间好好相爱呢?为什么不珍惜彼此相爱的每一天呢?爱在当下,爱在眼前,我们还要等待什么呢?从现在开始,不要说你有多么爱他(她),不要说你有多么在乎他(她),只需要仅仅抓住他(她)的手,只需要微笑着陪他(她)度过每一天,只需要珍惜彼此在一起的每一分每一秒。从现在开始,他(她)将成为你生命中最不可或缺的组成部分。

我们就像大海里的一叶孤舟，漂无所依，可是有一天，我们遇见了跟自己心心相印的那个人，原本灰暗的世界，一下子变得色彩缤纷，这时候，你只需要让你的小船停岸，和你的他（她）静静地欣赏云卷云舒、潮起潮落。